# HERMES

在古希腊神话中,赫耳墨斯是宙斯和迈亚的儿子,奥林波斯神们的信使,道路与边界之神,睡眠与梦想之神,亡灵的引导者,演说者、商人、小偷、旅者和牧人的保护神……

西方传统 经典与解释 HERMES
Classici et Commentarii

施特劳斯集

刘小枫◎主编

# 施特劳斯学述

Leo Strauss zur Einführung

[德]考夫曼 Clemens Kauffmann ｜ 著

温玉伟 ｜ 译

华夏出版社

古典教育基金·蒲衣子资助项目

# "施特劳斯集"出版说明

1899年9月20日，施特劳斯出生在德国Hessen地区Kirchhain镇上的一个犹太家庭。人文中学毕业后，施特劳斯先后在马堡大学等四所大学注册学习哲学、数学、自然科学，1921年在汉堡大学以雅可比的认识论为题获得哲学博士学位。1924年，一直关切犹太政治复国运动的青年施特劳斯发表论文《柯亨对斯宾诺莎的圣经学的分析》，开始了自己独辟蹊径的政治哲学探索。1930年代初，施特劳斯离开德国，先去巴黎，后赴英伦研究霍布斯，1938年移居美国，任纽约社会研究新学院讲师，十一年后受聘于芝加哥大学政治系，直到退休——任教期间，施特劳斯先后获得芝加哥大学"杰出贡献教授"、德国汉堡大学荣誉教授、联邦德国政府"大十字勋章"等荣誉。

施特劳斯在美国学界重镇芝加哥大学执教近二十年，教书育人默默无闻，尽管时有著述问世，挑战思想史和古典学主流学界的治学方向，生前却从未成为学界声名显赫的大师。去世之后，施特劳斯逐渐成为影响北美学界最重要的流亡哲人：他所倡导的回归古典政治哲学的学问方向，深刻影响了西方文教和学界的未来走向。上个世纪七十年代以来，施特劳斯身后逐渐扩大的学术影响竟然一再引发学界激烈的政治争议——自由主义知识分子觉得，施特劳斯对自由民主理想心怀敌意，是政治不正确的保守主义师主；后现代主义者宣称，施特劳斯唯古典是从，没有提供应对现代技术文明危机的具体理论方略。为施特劳斯辩护的学人则认为，施特劳斯从来不与某种现实的政治理想或方案为敌，也从不提供解答现实政治难题的哲学论说；那些以自己的思想定位和政治立场来衡量和评价施特劳斯的人，不外乎是以自己的灵魂高度俯视施特劳斯立足于古典智慧的灵魂深处。施特劳斯关心的问题更具常识品质，而且很陈旧：西方文明危机的根本原因何在？施特劳斯不仅对百年来西方学界的这个老问题作出了超逾所有前人的深刻解答，而且提出了切实可行的应对方略：重新学习古典政治哲学作品。施特劳斯的学问以复兴苏格拉底问题为基本取向，这迫使所有智识人面对自身的生存德性问题：在具体的政治共同体中，难免成为"主义"信徒的智识人如何为人和治学。

如果中国文明因西方文明危机的影响也已经深陷危机处境，那么施特劳斯的学问方向给中国学人的启发首先在于：自由主义也好，保守主义、新左派主义或后现代主义也好，是否真的能让我们应对中国文明的危机问题——"施特劳斯集"致力于涵括施特劳斯的所有已刊著述（包括后人整理出版的施特劳斯生前未刊文稿和讲稿；已由国内其他出版社购得版权的《霍布斯的政治哲学及其起源》《思索马基雅维利》《城邦与人》《古今自由主义》除外），并选译有学术水准的相关研究文献。我们相信，按施特劳斯的学问方向培育自己，我们肯定不会轻易成为任何"主义"的教诲师，倒是难免走上艰难思考中国文明传统的思想历程。

古典文明研究工作坊<br>
西方典籍编译部甲组

# 目 录

前 言 ……………………………………………………… 1

一 哲学作品 ……………………………………………… 3
  1 从政治自由主义到政治哲学 …………………… 3
  2 作品及其接受 …………………………………… 16

二 作为哲学危机的现代危机 …………………………… 33
  1 从马基雅维利到尼采：现代方案 ……………… 34
  2 哲学的危机：历史主义与实证主义 …………… 46

三 政治与政治哲学 ……………………………………… 71
  1 政治的概念 ……………………………………… 71
  2 什么是政治哲学？ ……………………………… 83

四 政治哲学的必要性 …………………………………… 100
  1 智慧与启示 ……………………………………… 101
  2 迫害与写作艺术 ………………………………… 116
  3 历史性理解 ……………………………………… 132

**五 苏格拉底：政治哲学的起源和复兴** …… 142
　1 苏格拉底问题 …… 143
　2 自然正当与历史 …… 160

**附录**
**"马背上的人"：施特劳斯论柏拉图《法义》的论辩和情节** …… 179
　一 引言 …… 179
　二 解释学方针 …… 184
　三 《柏拉图〈法义〉的论辩和情节》中哲学性的
　　　身体—政治学 …… 192

**施特劳斯年表** …… 217

**参考文献** …… 219

# 前　言

［7］如果初次接触施特劳斯的作品，人们会有这样的印象：似乎眼前看到的是一位哲学史家，用他多少有些中规中矩的文章来理解欧洲思想史。不过，这只是施特劳斯政治哲学的表象，且完全是有意为之，这使得人们步入其堂奥变得困难。只有认识到施特劳斯作品所探讨的内容，以及哪些问题将他的诸多作品连接成为独特的整体，人们才算打开了第二层眼界。这本导读的目的就在于让人到达第二步的过渡变得容易。

施特劳斯作品的结构决定了本书的构造和表现形式。两个原因不允许我们对施特劳斯政治哲学作描述性的表达。一方面，这样的表达无法从基础上描述遑论评价施特劳斯诸多个别阐释的丰富内容，这些阐释涉及古典诗作、历史书写和哲学，也涉及中世纪伊斯兰和犹太教的理性主义、近代哲学在马基雅维利和霍布斯那里的成型、英法启蒙运动，以及晚至尼采和海德格尔的核心作品。另一方面，它也会妨碍人们从哲学史的表象窥探这位思想家的哲学意图，进而剖析其言辞和意义。

［8］在笔者看来，唯一可能有意义的做法似乎是，揭开出现在施特劳斯所有作品背后以及他真正感兴趣的问题，即在宗教、科学以及历史的政治性权威面前为哲学进行辩护。认识到这个问题，我们就会开始恰切地阅读施特劳斯。我们对核心问题的表述只基于施特劳斯的作品，并且有意识地抛弃了任何历史化的分类。

第一章勾勒施特劳斯作品所处的外部环境、施特劳斯的生平背景以及人们接受施特劳斯作品时的对话性语境。第二到五章按照哲学观点安排，这些章节专注于对哲学的可能性、哲学的政治维度以及哲学的必要性所作的辩护，从而最终暗示出内容上的选择。出于精简的考虑，第二到五章的脚注以缩略形式给出，指出文本出处及其在施特劳斯原文中的位置，这有助于深化所讨论的内容，读者可以从施特劳斯作品缩略表中查对。[①]为了便于理解，文中的引文都是德文形式，来自目前能够读到的施特劳斯德文作品或者作品的德文译本。出自施特劳斯英文作品的引文由笔者译出，译文更注重字义上的精确，而非风格上的优美。

感谢迈尔（Heinrich Meier）先生，是他在多次私下谈话中使我有机会细化对施特劳斯哲学的理解。

---

[①] ［译按］原书注释为尾注，出于格式上的考虑，中译改为脚注。

# 一  哲学作品

[9]"原创性"？——这只是渺小心灵感兴趣的东西。哲学的创造性和伟人的事业并不在于产出"新的东西"。借助眼前的事物，并通过对其进行恰当的混杂来得出某些东西，作为务竞新奇者的新事物，以此来敷衍不动脑筋的同时代人，这样做很容易。然而，透过重重迷雾认清为数不多的古老且根本的哲学问题之宏大且单纯的空间，这却是困难的；也就是说，切入那里并通过根本性的追问在那里奠立根基，这是困难的。一位思想家的地位仅仅取决于他有多大能力做到这件难事。①

——海德格尔

## 1  从政治自由主义到政治哲学

魏玛民国宪法颁布那年，施特劳斯才及弱冠。十三年之后，多亏"某种程度上仁慈的命运"，他离开了德意志。决定施特劳斯思想进路的政治—哲学问题，逐渐形成于他的学习期间（1921年在汉

---

① M. Heidegger, *Nietzsche. Der Wille zur Macht als Kunst*, § 1 a）。[译按]原文见 M. Heidegger, *Gesamtausgabe. II. Abteilung: Vorlesung 1923—1976. Band 43: Nietzsche: Der Wille Zur Macht als Kunst*. Frankfurt/u. 1985, 页5。

堡读博期间的卡西尔,以及后来的胡塞尔和海德格尔,对他影响尤大)和他在柏林犹太科学院的学术研究期间。1965年,[10]在给四十多年前出版的《斯宾诺莎的宗教批判》的英文版撰写前言时,施特劳斯用一个传记性的提示回顾了自己哲学之路的开端。他说,这本书的作者当年还是个年轻的犹太人,在德意志出生和成长,且曾身陷"神学—政治困境的泥沼"。施特劳斯本人在当时也曾追随政治犹太复国主义,他还是犹太复国主义学生组织的成员。对斯宾诺莎的研究考察的问题是,"斯宾诺莎对正统神学的批判是否令人信服且有理"。可想而知,这个问题与德意志—犹太问题紧密相关。施特劳斯接着说道:无论如何,"犹太问题很久以来就是我思考的中心议题",并且神学—政治问题自此"一直是我研究的真正主题"。尽管如此,施特劳斯绝不像人们所称的"犹太哲人"。①

然而,一种运动尚在开端时,其中心总是隐而不彰。我们必须揭开对于施特劳斯而言的神学—政治困境的面相。这一困境具体表现于德裔犹太人曾经的艰难处境。长久以来,流散(Galut)就是犹太人命运的一部分,一如非犹太人对犹太人的憎恨也是他们命运的一部分。尽管自法国大革命以来,德意志的犹太人获得解放,并且在魏玛民国时期首次获得了平等的政治权利,但是鉴于魏玛民国自由主义民主的弱点,犹太人在政治上仍处于依附状态。用海涅的话来说,对于许多犹太人而言,犹太教并不是宗教,而是不幸。②最后他们得出结论:应通过适应寄居其中的社会,来

---

① 《文集》卷一(*Gesammelte Schriften*, Bd. 1),页5;《霍布斯的政治哲学》,页7、8;《我们为什么仍然是犹太人?》(下简称《犹太人》),页44、51。

② [译注]中译见海涅,《海涅全集第6卷:散文作品》,章国锋译,河北教育出版社,2003,页145;改动依据 H. Heine, Sökularausgabe. Band 6: Reisebilder II 1828—1831. Bearbeitet von C. Stöcker. Berlin/Paris 1986,页103。

摆脱自己的犹太人身份。

在施特劳斯看来，这种适应在政治上是经不起推敲的解决方法，[11]因为，15世纪末，西班牙对犹太人的裁判和驱逐并未因许多犹太人皈依基督教而消停。由宗教引起的区分，核心上是政治性的，它虽在法外（extralegal），但并不非法（illegal）。魏玛民国时期的同化适应由于另一种区分而告失败，即对国家与社会、公共领域与私人领域的区分。自由主义民主是一种允许不同信念和信仰并存的世俗社会秩序。虽然宗教问题不再是国家管辖的事务，而是成了个人私事，但它仍是政治问题。

施特劳斯认为，正是这一点——尽管有法律上的平等——使得对特定群体的社会歧视、魏玛民国中的宗教歧视以及美国社会中的种族歧视成为可能。禁止任何社会歧视无异于取消私人领域，取消国家与社会的区分，总之，等同于摧毁自由主义民主。随后，东西方的历史进程都告诉施特劳斯，这条路行不通。然而，比起自由主义民主所提供的不可靠答案，似乎在政治上也并没有更好的解决之道。人们憧憬同化适应，乃是基于"人们能够抹掉过去"这一错误认识，而人们仍在如此憧憬。施特劳斯似乎从中得出结论：

要摆脱自己的根源是不可能的。①

通过同化适应以求遗忘与生俱来的身份，这既不能回答也不能解决犹太人的问题。那么，答案在于重返犹太传统吗？政治犹太复国主义——[12]斯宾诺莎在某种程度上是其发起者——认

---

① 《文集》卷一，页5–10；《古典政治理性的重生》（下简称"《重生》"），页231及以下；《犹太人》，页44–47、49。

识到，犹太人在德意志的艰难处境不是纯粹的政治立宪问题，而是权力问题。民主国度对宗教团体的中立态度，只是以不出现多数派宣称少数派非我族类为前提。严格的政治犹太复国主义是一场精英运动，它旨在以一种借由出身和谦逊而团结起来的共同体之名，通过犹太民族的主权国身份来重建其尊严。

施特劳斯洞察到，政治犹太复国主义终究过分拘泥于政治活动。严格的犹太复国主义者想要凭借上帝的指引，以武力斗争重返其发祥地。但这样的重返是基于与犹太传统基本原则的决裂，在施特劳斯看来是错误和悖谬的。1935年，施特劳斯在《哲学与律法》的导言中写道：

> 当下的处境对这样的犹太人而言似乎毫无出路：他既不能持守正统，亦不能将只有在无神论土壤中才有可能的"犹太人问题的解答"，即毫无保留的政治犹太复国主义看作答案，此答案尽管最为可敬，但长远和严格来看又无法令人满意。这一处境似乎不只是看上去完全毫无出路，相反，只要人们还在坚持现代性的诸前提，那么，没有出路就是实实在在的。在现代世界，如若最终只有正统论抑或无神论这个二选一的方案，或者，如若一种开明的犹太教不可避免，那么，人们就不得不面对这样的问题：难道启蒙就必须是现代的启蒙？

用文化犹太复国主义来补充政治犹太复国主义，这并不能缓解反而加剧了上述悖论。严格来说，文化犹太复国主义一定是宗教性的复国主义，[13]它自视为在重返原初的犹太正统宗教。但在施特劳斯看来，复国运动深受现代性的文化理解影响，这种理解下的"文化"是属人思想的产物。而他认为，犹太"文化"并不是对区别于其他诸国精神的一国精神的表达。犹太文化的根基毋宁说是圣经、塔木德、米德拉什。

> 如果人们对这些事物稍有尊重或严肃对待，就不得不承认，它们指的并非犹太精神的产物。它们终归是"来自上天的"，而这就是问题的困难所在：犹太教不能被理解为一种文化。

对施特劳斯而言，解决犹太问题的唯一一劳永逸的答案是宗教复国主义，即重返正统的犹太信仰。他认为，民间信仰的源初支点才是犹太传统的根基，即

> 信仰创世，信仰圣经奇迹的真实性，信仰基于西奈山启示的绝对义务和律法在本质上的永恒性。

施特劳斯强调，人们实际上必须"外在地"理解传统的说法，并应该追随莱辛（Lessing）摆脱一切"内在化"和主观化的做法。如果要谈论重返犹太信仰并重返犹太生活方式，那么，必定能为重返者的自我肯定提供严格准绳的支点才是源初支点。重返传统的"运动"虽然改变了犹太人的处境，但并非根本性的，它对于超越现代性的局限无能为力。[1]

在1965年版的《斯宾诺莎的宗教批判》前言里，施特劳斯虽然强调了上述立场，[14]但是针对"为何犹太教受制于现代性的前提，以及，它为何因为一种恰切的重返犹太人的自我理解之

---

[1] 《文集》卷一，页11、13；《哲学与律法》，页10及以下、15、17、28；《重生》，页230-233；《犹太人》，页50-52。

前提而失败"这样的问题,他给出了极为不同的答案。或单单凭靠"智性的坦诚",或犹太教对"科学"和"历史"的妥协,或对"新思想"的探索,或科亨(Cohen)那种失败的斯宾诺莎批判,或基于不加反思的进步信念,而坚信与传统正统宗教对律法淳朴且严格的理解相比,自己具有优越性——在施特劳斯眼中,所有这些似乎都是造成犹太问题唯一清晰且稳健的答案落空的原因。要以现代思想的前提来激活一种非现代的传统而使其仍保持传统的原样,是不可能的。从原则上看,无论政治犹太复国主义还是整个现代,其特点都在于深信不疑人类具有无限的行动能力,然而,信仰则根本无法接受对此问题的属人的—政治的解决办法。

> 有限的、相对的问题可得到解决,无限的、绝对的问题无法解决,换言之,人类永远无法创造一个远离矛盾的社会。从这个角度来看,犹太民族似乎是被拣选的民族,至少在如下意义上:就犹太问题是社会或者政治问题而言,它也是最清楚不过的人类问题的表征。①

面对看似无法解决的人类问题,施特劳斯问道:难道一种特殊的同化适应就不能提供答案?甚至,难道不是存在一种接受这种特殊形式的同化适应的道德必要性吗:"人本身最高尚的品质,难道不是他有能力使自身适应真理?"[15]这里指的是通过柏拉图式的哲学生活来适应真理。因为,

> 柏拉图意义上的哲学即是答案,是真正的人类问题即有

---

① 《文集》卷一,页13;《重生》,页234-241;《犹太人》,页49。

关幸福的问题的真正答案。……因为在柏拉图和亚里士多德那里，不能借政治方式解决的人类问题只能由哲学，且由并且通过哲学的生活方式来解决。

把哲学引入这种视域，无论对于哲学还是对于理解施特劳斯的哲学方案都会带来十分重要的后果。人若自觉无法归返正统信仰根源，并且不能就近神性的且永恒的律法的质朴的严格性，他便会否认信仰有资格回答必要的唯一者这一问题，并以此给属人问题提供稳妥的答案。如此一来，施特劳斯对何谓犹太教这个问题的评价也发生了变化。犹太教并非一种不幸，而是一种"英雄式的错觉"，是一种有关终极奥秘之真理谜一般的幻觉，一种促成认同的民族神话。哲人由此也陷入了有关何谓正义的生活方式的政治冲突：他既要顺从宗教的神性律法，又要顺从世俗的自由民主制的法律，而他同时也知晓，自由的属人知识之法则对于哲学生活、属人生活而言是唯一权威性的。哲人的首要任务，是在解决属人问题的宗教和政治模式这两个竞争对手面前为哲学的必要性辩护。施特劳斯认为，顺带的政治—神学问题是，[16]政治和宗教联手要求哲学顺从律法的双重权威，这样的要求会危及哲学。这让人们看到政治问题的原初内容，"其中至少隐含着为哲学奠基，以及对从事哲学的前提给予哲学性说明"。因而人们就容易理解，神学—政治问题为何并且在何种意义上是施特劳斯哲学的真正主题，以及为何作为整全的哲学在政治哲学中岌岌可危。同时，也可以理解为何施特劳斯不可能是"犹太哲人"。①

---

① 《自然正当与历史》，页117及以下；《哲学与律法》，页67；《苏格拉底和政治学问的起源》，页204及以下；《犹太人》，页52、56、58、60、61。

为哲学的必要性辩护是任务之一，为哲学的可能性辩护则是另一个任务。如果说在施特劳斯眼中，所有重返犹太传统核心的现代尝试都因其现代性而告失败，那么我们就直面着这样一个问题："重返柏拉图意义上的哲学"又何以可能？进而，更为尖锐的问题是：哲学本身在由"科学"和"历史"主宰的世界——这个世界否认哲学的所有认知能力，且尤其将政治哲学视为过去式——何以可能？这一提问是以惊人的连贯性贯穿施特劳斯生平的另一个阿里阿德涅线团（Ariadnefaden）。

施特劳斯在不同层面上重启的古今之争即是针对这一问题，它也决定了施特劳斯的全部研究基本上貌似哲学史。施特劳斯深信，基于现代视野对古典传统的阐释之所以不可能成功，是因为现代根基只会毁灭传统。只要现代按照其自我理解认为比古代优越，那么，[17]现代人便会坚定不移地认定古代是非真实的和糟糕的——尽管他们也有可能珍视古代，把古代视为历史长河中流传下来的宝藏。施特劳斯从这一原则性的困境中洞见到，只有"如作者理解自身那样去理解作者学说的真正历史性的阐释"，才可能是恰切的阐释。就此而言，有人可能会说，保守主义即是该理论神圣不可侵犯的法则。不过，施特劳斯的阐释原则与所谓"神圣法则"以及"理论"并不同。①

人们会有疑问：在为政治哲学的辩护中，施特劳斯扮演着何种角色？施特劳斯给外界的印象是一位学者、注疏者、解经家以及哲学史家。他没有那些大思想家的地位，后者用成体系的论文表达自己的哲学。相反，他似乎属于那类在学院里做出贡献的人

---

① 《文集》卷一，页44及以下；[译按] 中文参施特劳斯，《斯宾诺莎的宗教批判》，李永晶译，北京：华夏出版社，2013。

物：他们把最伟大人物的伟大独白汇聚起来，编制为一篇篇对话，以此来获得哲学的认知。不过，既然他很大一部分作品都在非难注疏式和历史性哲学进路的不充分，"注疏家"和"史学家"的名声便不可能涵盖他的全部。或许，施特劳斯对注疏家和"哲学史家"阿尔法拉比的刻画对我们理解这一点会有所帮助，他称后者永远"不只是一位单纯的注疏家"。在施特劳斯看来，阿尔法拉比，这位熟悉哲学的艰难政治处境的穆斯林教徒，利用了"注疏家和史家特殊的豁免权"，以便戴着柏拉图的面具，透过一条条暗示来传达自己的立场。以阿尔法拉比为例，施特劳斯表明，貌似历史性的作品未必就是历史性的：

> 他对历史上的柏拉图的态度，堪与柏拉图对历史上的苏格拉底的态度相比拟，或者我们可以说，堪与柏拉图的苏格拉底对历史上的埃及人的态度相比拟。[18]"噢，法拉比，你是多么轻易地虚构了柏拉图的言辞。"通过这一显白的事实，阿尔法拉比将自己呈现为一位真正的柏拉图主义者。因为，柏拉图主义者之所以致力于历史的（偶然）真理，是因为他们只对哲学的（本质）真理感兴趣。由于公共的言辞需要杂以严肃性和游戏性，真正的柏拉图主义者就只能以历史的因而也是游戏性的面具来呈现其严肃的哲学学说。……此外需要补充的是，通过以历史性的表现形式而非以系统性的作品形式来传达最为有益的知识，阿尔法拉比暗示了他如何看待哲学中的"原创性"和"个性"：人们所能看到的一位哲人的"原创的"和"个性化的"贡献，远不如他对必要隐匿的真理之私人的并且真正原创的和个性化的理解来得重要。

迈尔认为，这一表述和《阿尔法拉比的柏拉图》中的其他表达一样，都足够自明，以至于人们可以将施特劳斯摆放在他本人所刻画的阿尔法拉比的位置上。这对于解释施特劳斯的作品整体意义重大。这说明，施特劳斯的哲学史作品首先不能被当作哲学史作品来释读，不如说它是对哲学问题的揭示；它指导人们获得独立的哲学思考，表达了哲学生活根本上的独立性——尽管存在种种相反的论断，这种处于社会边缘的生活仍然是可能的。不过，这一自明性的表述也使人们清楚看到，阐释施特劳斯作品时，首先不在于说明作为哲学个体的施特劳斯要为各种哲学立场的历史连续性补充什么。无论施特劳斯可能发明了哪些"古怪的"政治观念，对于哲学的兴趣而言都没有那么重要。[19]人们必须如施特劳斯自己阅读自己以及他希望被阅读的那样去阅读他，必须同他一道寻根究底。

> 不过，寻根究底与指出对方"谬误"并加以苛责的"批判"不同，寻根究底是最高和唯一真正尊重思想家的方式。因为它所做的是真正地去思考他的思想，并探究他最为强有力的强项——而非其弱点。为何如此？为了让我们自己通过寻根究底而免受思想至高的辛劳。①

---

① 《古今自由主义》，页3、7；《重生》，页29及以下，页63；《柏拉图式政治哲学研究》，页149及以下，页186；《阿尔法拉比的柏拉图》，页374-377；《苏格拉底和政治学问的起源》，页204；M. Heidegger, *Nietzsche*, 前揭，§ 1 b; Heinrich Meier, *Die Denkbewegung von Leo Strauss. Die Geschichte der Philosophie und die Intention des Philosophen.* Stuttgart 1996, S. 42 f.。[译按]中译参迈尔，《隐匿的对话》，朱雁冰等译，华夏出版社，2002。

可以借用柏拉图的洞喻,进一步清晰地看到施特劳斯探究现代的意图所在。柏拉图在《王制》第七卷伊始描述了常人即非哲人的境遇,他们是洞穴居民的一员,只能看到人造事物的影像,固执于有关这些事物之意义和关系的意见。他们与哲人不同,他们对"自然"一无所知,也不知晓人造事物与自然事物之间区别何在,因而,他们自认为自己的意见便是绝对的真理,并通过洞穴社群的社会习俗将其上升为权威的公共教条。哲人与洞穴社群的区别在于,他试图由意见上升到知识的光亮之中。对哲人而言,洞穴生活隐含着一种天然的困难。做哲人的前提在于试图从意见转向知识,并将眼光从人为事物转向自然原因。哲人意图的立足点关乎一个洞见,即人必须作为洞穴居民生活在自然的无知当中,并将洞穴社会的意见当作上升到知识的自然出发点。[20]因此,天然的困难不只是哲学问题,同时也是政治问题。

施特劳斯向人们表明,洞穴可以等同于城邦世界,就此而言洞穴喻具有政治意涵。洞穴居民意识不到自己的家园只不过是大千世界的一处洞穴,这本质上属于洞穴居民的自我理解。他们把自己的城邦视为世界本身,或者视为诸多世界之中最高级的那个。因此,哲人意欲看到人为事物背后的本质这一意图,在其开端便具有了政治意义。哲人通过单纯的认知意向质疑了权威的公共教条,并因此陷入同他所生活的社会之间的政治冲突。施特劳斯认为,现代人的处境已不再是原始洞穴居民的天然无知——

> 与苏格拉底所接触的幸福的无知者相比,今天的我们处在更深的第二洞穴。

跌进"第二洞穴"是现代启蒙的后果:

启蒙的意图是以否认（或者限制）超自然来恢复自然的名誉，结果却是发现了新的"自然"根基，这一根基与其说是自然的，毋宁说是"超自然"的残余。

意图弥合哲学与社会冲突的启蒙运动将社会视为潜在哲人的集合，并且坚信通过哲学的普及能够影响这个集合。如此一来，哲学就面临新的处境和更大的挑战。哲学必须以社会自然而然的自我理解为前提并从自然意见的层面出发，如果这个说法为真，[21]那么，哲学必须先重新达到自然洞穴的水平。借助古人在表述哲学天然困境时所用的概念，施特劳斯将问题表述如下：

人们会因为要上升到阳光之下而惧怕，而且热心于从外部阻断后代的上升，以至于他们在所出生的洞穴底下挖掘了更深的洞穴并且退缩其中。如果他们的某个后代希望上升到阳光之下，他就必须先设法达到自然洞穴的水平，而且他必须发明新的和极其精致的工具，这些工具对于生活在自然洞穴中的人们而言是陌生且无用的。他若自以为通过新发明的工具便可超越天生的洞穴居民，那么，他就是个笨伯，永远无法看到阳光，而且会丧失对太阳的最后一缕回忆。

这个诊断便是施特劳斯为政治哲学思想的开端所奠定的基础。现代政治哲学是通过与古典哲学之间的决裂来自我定义的，与上升到知识相反，它往反方向挖掘了一眼坑道，一方面是为了免遭上升所带来的危险，另一方面是为了用行之有效的"理论"来替代索然无味的知识。现代政治哲学由此落入一种使哲学成为不可能的境地。因而，哲学在今日最为紧迫的任务，便在于重新找到

它自然的出发水平。乍看起来具有哲学史气质的施特劳斯作品，也由此有了自身的正当性，

> 这样，而且只有这样，[22]哲学的"历史化"才是正当且必要的：只有哲学史才使得从"非自然的"第二洞穴——我们与其说是由于传统本身，不如说是由于反传统的传统而堕入其中的——上升到柏拉图比喻中描述的"自然的"第一洞穴成为可能，而哲学活动的源初意义便在于从该洞穴到达光亮之中。

于是，极为必要的哲学史路径面临两项任务：要找到从"第二洞穴"返回"第一洞穴"的道路，就不得不找寻现代哲学的出发点并尝试理解其诸原则，这就要求人们一门心思地研究现代哲学的意图及其历史。进而，一旦到达现代的出发点，就必须果断地从现代思想的系统性中摆脱出来，找出被反传统的传统所掩埋的古典思想家曾依循的路标。至晚在这里，哲学史的行动便转变成了哲学行动——

> 此后，他若想成为在行的哲学史家，他就得完成一次向哲人的蜕变或者对哲学的皈依。
> 曾为古代思想家指引道路的路标被重新使用之前，必须先被发现。哲学史家在重新发现路标之前会无可避免地处于极度迷惘、对万事万物都充满疑惑的状态：他自身处于晦暗之中，这种晦暗只会被他的知无知所照亮。他在致力于古代哲学研究时必须清楚，旅途的终点是完全被遮蔽的，他也许无法像离开港口时的自己那样再次返回自己时代的港湾。

[23] 这一表述明确指出人们应该如何理解施特劳斯的作品：他的作品不是出于好古的、学究的甚或学院派的兴趣，我们不能将其当作哲学史作品来读，就如某些政治哲人意图将它们归入相互重叠的观念史进程中的做法那样。施特劳斯的追问并不是历史性的。相反，施特劳斯将作者自身的意图作为焦点，并与作者一道探究作者自己关注的哲学问题，他的追问因此乃是哲学性的。只有通过对事物的哲学研究，政治哲学的复兴方才可能。研究施特劳斯的政治哲学，旨归必须是重新理解哲学问题，以及——与之一致的是——重获哲学的政治视野。①

## 2　作品及其接受

施特劳斯至今为人所知的见刊出版物约160部，其中约30部成书，②涉及范围十分广泛。他的著作开始于1921年的博士论文《雅各比哲学中的认识论问题》，他一开始关注的问题是犹太教主题和"犹

---

① 《城邦与人》，页29、240；《政治哲学史》，页57及以下，页68及以下；《自然正当与历史》，页13；《迫害与写作艺术》，页155及以下；《哲学与律法》，页13及以下注释，页46；《重生》，页211及以下；《评艾宾浩斯〈论形而上学的进步〉》，页2453；《论柏拉图政治哲学新说一种》，页353-355。

② 迄今为止最为完善的文献见 Heinrich Meier, *Die Denkbewegung von Leo Strauss*，前揭，页45-63；亦参 Alan Bloom, Leo Strauss. September 20, 1899 – October 18, 1973, in: *Political Philosophy*（2. Jg. Heft 4, 1974），S. 380-387。[译按] 迈尔整理的相关文献见施特劳斯，《古典政治理性的重生》，潘戈编，郭振华译，华夏出版社，2011，页347-359；布鲁姆的纪念文章《纪念施特劳斯》（朱振宇译）见刘小枫编，《施特劳斯与古典政治哲学》，张新樟、游斌、贺志刚、宗成河等译，上海三联书店，2002，页3-28。

太问题"。他第一部正式出版的作品是《斯宾诺莎的宗教批判作为其圣经学基础》，该书作于1925年至1928年犹太教科学院任职期间，出版于1930年。斯宾诺莎试图在犹太正统和中世纪犹太理性主义——[24]就其旨在调和哲学与启示之间的矛盾而言——以及世俗威胁面前为哲学辩护。施特劳斯认为斯宾诺莎的批判不够令人信服，而且他也未能驳倒正统宗教。在他看来，有必要重返迈蒙尼德及其前辈，并检审如何论证哲学与——斯宾诺莎所批判的——宗教之间的统一。

在这些研究背景下，施特劳斯发现了所研究文本的双重面相：它们借助启蒙运动以来被遗忘的隐微写作技艺传达两种学说，一种是显白的（exoterisch），符合该时代的一致性要求，另一种则是隐微的（esoterisch），隐蔽地向那些能够阅读它的人说话。这一发现，或曰重新发现，使施特劳斯声名鹊起，但其影响也极具争议性，因为倘若施特劳斯的阐释学是合宜的，那么，19、20世纪哲学史中僵化的阐释学整个儿都成问题了。

这个发现拓展了施特劳斯的问题域，并且决定了1935年《哲学与律法》的进路，这部作品的引言为《斯宾诺莎的宗教批判》中的一些问题带来了不同的视角。施特劳斯细心阅读希伯来文和阿拉伯文原典，逐渐获得了对文本更为深层的理解，这一理解不仅涉及意义重大的内容，而且具有政治上的重要性。先贤的哲学作品具有隐微的雅努斯面孔，原因何在？为何哲学要隐蔽地传达自己的知识？施特劳斯的毕生事业便萌芽于这些提问中。他想要搞清楚的是，究竟能否从今天的视角，即从历史研究和实证科学的角度出发，恰切地理解传统以及由传统所处理的对象。[25]继而，他不得不厘清现代立场的前提，并将这些前提与比如迈蒙尼德的前提做比较。施特劳斯从他对新康德主义马堡学派满腹狐疑以及将信将疑的附庸——即卡西尔指导的博士论文——中解脱出来之后，仍强烈地受海德格尔和尼采的影响。

从生平来看，完全可以肯定，施特劳斯在这方面正处于重新定向的过程中，其首次的文本表达便是1932年的《施米特〈政治的概念〉评注》一文。从此，一项具有惊人一致性的事业，一部"大书"，便一发而不可收，其章节由一本本著作和一篇篇文章组成，其内容和意图只能从整体得到把握。支撑这项事业的，是那个唯一的问题，即追问哲学的根由。对哲人的自我认知、对哲学生活的辩护等基本问题的理解使他洞见到，面对"宗教"和"政治"这些源初事实，哲学只能作为政治哲学来进行自我辩护。因此——当时几乎无人注意到这一点——政治哲学就是真正意义上的第一哲学，它完全不同于从事政治事务的研究。有鉴于此，引人深思的是，政治哲学在时下学术界只扮演着边缘性的角色，它几乎只关注为政治建制和"伦理"方案提供理据。

按照布鲁姆的划分，我们可以把施特劳斯的作品分为三个发展阶段，这三个阶段并非毫无关联，而是以其差异呈现为一个不断深化的过程。

布鲁姆称第一阶段为"前施特劳斯时期"，[26] 该时期到1936年《霍布斯的政治哲学》为止，上文所提到的所有作品都属于这个时期。在第二阶段，施特劳斯确定了前启蒙时期哲学的隐微品质的根基，形成了自己的解释学，并从向他重新敞开的文本中解读出政治和哲学意涵。十二年间，施特劳斯未出版任何专著，而是发表了大量书评和文章，我们可以看到他对迈蒙尼德、阿尔法拉比、阿巴伯内尔、色诺芬以及写作技艺的政治维度等的研究。[1]他对色诺芬的研究最能说明发现隐微写作的技艺对于解读前现代作品有何等裨益。

---

[1] 施特劳斯本人以及关于施特劳斯最重要的作品见文献部分。

19世纪以降，色诺芬鲜有人问津，因为在人们看来，较之柏拉图，色诺芬——说得好听些——资质平平。[1]施特劳斯1939年的文章《斯巴达和色诺芬的品味》，以及1948年在《论僭政》中对色诺芬《希耶罗》的深入解读，恢复了这位被历史忽视的思想家在哲学上的重要地位。这两个作品以实践展现了解读哲学作品的技艺，展示了如何不让不加反思的历史主义思维方式的偏见，毁掉那通往理解文本本质的门径。施特劳斯与科耶夫有关哲人与权力之关系的论争亦与《论僭政》一书相关。1963年此书的德文版记录了这次论争。1952年的《迫害与写作技艺》一书收录了讨论隐微写作问题以及此类文本解读的文章。

紧接着的1953年的《自然正当与历史》，是施特劳斯1949年在芝加哥大学所作的瓦尔格林基金会系列讲座的扩充，[27]许多人视其为施特劳斯的主要作品，它也是施特劳斯最负盛名的作品。这部作品论题复杂，因而很难把它简化成某个特定的论点。它给出了整个哲学史的概貌，但并不因此就成了一部历史性的作品。它是对现代思维的哲学分析。在现代思维临时的终结之处，历史替代了哲学。施特劳斯在书中描述了政治的中立化，而哲学的根据便寓于政治的语境之中。为了辩证地揭开古典哲学的内核，施特劳斯从当下主流的信念出发。

在1953年4月29日致沃格林的信中，施特劳斯说，"我开始缓慢地写一本有关马基雅维利的小书"。[2]五年之后，施特劳斯最大

---

[1] J. Burnet, *Plato's Phaedo*, Oxford 1963, S. 15; J. Burnet, *Greek Philosophy*, London 1928, S. 137 n. 2.

[2] P. Emberley u.a.（Hg.）, *Faith and Political Philosophy. The Correspondence Between Leo Strauss and Eric Voegelin 1934–1964*, Pennsylvania 1993, S. 98.

部头的作品《关于马基雅维利的思考》问世。这是他最后一部有关现代哲学的大部头专著，书中条分缕析现代哲学的诸原则；同时，此书也是他对启示宗教最为集中的哲学探讨。在布鲁姆看来，这部作品标志着第三阶段的开始：此后，施特劳斯完全转向古典哲学，致力于更好地理解"苏格拉底问题"，理解整全意义上的哲学问题。自此之后，他较快速地出版了一系列有关柏拉图、亚里士多德、修昔底德（《城邦与人》，1964）的研究，对阿里斯托芬全部作品的解读（《苏格拉底与阿里斯托芬》，1964），对色诺芬的苏格拉底著作的分析（《色诺芬的苏格拉底言辞》，1970；《色诺芬的苏格拉底》，1972），以及对柏拉图最具政治性的作品《法义》的解释（《柏拉图〈法义〉的论辩和情节》，1965）。

这些作品都不同寻常，且没那么多学院气。它们因其朴实无华的表达形式而与所谓的"学术"（wissenschaftlich；[译按]也译为"科学"）惯例相去甚远，毫无准备的读者乍一看甚至可能会视其为复述性的报告。[28]但若与它们所疏解的文本对照来看，它们会为读者敞开一个有关政治哲学主题的对话，并将读者引向一次施特劳斯本人也许不会再次折返的旅程。

施特劳斯在美国意味着政治和哲学上的挑战。他的隐微写作论，他对当代政治学以及其貌似价值无涉的客观性的坚决批判，他作为德国移民在美国激发起影响巨大且延续数代人的学派的能力，他对于自由民主制貌似"古典式"的辩护立场，等等一切都引发了诸多论战。施特劳斯最具影响的遗产则在于他多方攻击闭塞的现代性，[1]由此造成的不安超出学术界成了美国的公共事件。

---

[1] R. B. Pippin, The Modern World of Leo Strauss, in: *Polictical Theory*, 20. Jg., Heft 3, 1992, S. 448–472, 尤见页448及以下。

这种不安在德国是不可思议的，因为比起德国，美国民主的自我理解更强烈地建立于启蒙理念和科学进步乐观主义的根基之上。

据皮平称，比起施特劳斯似乎对后启蒙时期"文化"的自足性、对技术文明的"善举"、对公众面对宗教和突然以新面目粉墨登场的政制时信赖自私自利的权力这一行为的质疑，又比起他对所谓"新亚里士多德主义者"、"批判理论"的代表人物，对"社群主义者"（Kommunitaristen）以及"后现代主义者"等论调的影响而言，美国对施特劳斯的接受更为不可思议，也更令人困惑。美国和加拿大政治理论的主要论题是被施特劳斯重新发现的"现代问题"，这是施特劳斯政治哲学的核心问题。[29] 施特劳斯生前业已形成的巨大影响进一步加强。至少从主题来看，自由主义和社群主义争论的焦点就是施特劳斯，这样的争论为重新理解施特劳斯的地位提供了吸收力强大的框架。

时下出现了上百部解读施特劳斯作品的作品，这些作品很难分门别类，因为似乎没有什么是人们不能拿来批判施特劳斯或者以其为傲的。[1] 论敌——这只能从政治视角来理解——认为他是启蒙和现代的敌人，是反平等主义者、反民主者、宗派主义崇拜的教主，应当警惕他甚至奋起反击他。直至晚近，普林斯顿大学的坎特普（G. Kateb）还在德国历史协会于华府举办的一次会议上称：

> 阿伦特和施特劳斯对美国政治理论影响巨大。我并不愿意否认，他们作品的巨大影响力为他们赢得了如今的地位。然而，

---

[1] 关于在北美两极化的评价，可参 S. B. Drury, *The Political Ideas of Leo Strauss*, Houndmills 1988, S. 1-9; R. B. Pippin, *The Modern World of Leo Strauss*, a. a. O., S. 449。

他们的影响在某种程度上令人不安。问题的症结在于，二人都流露出对现代民主的敌视……我希望提醒投身于现代民主的人们，在对抗这两位德裔美国哲人的影响时不要整个被其传染。[1]

从某种纯粹政治的视角来看，当"欧洲式理论"喧宾夺主地对待"美国式实践"时，这一声"反抗"的号召也许是"民族"自豪感受辱的后果。[2]但另一方面，与这一极端抵制相对的是热情的施特劳斯崇拜，崇拜者从施特劳斯身上看到了新的苏格拉底，看到了与非人性斗争的革新者，[30]并盛赞与他私下交往时他发散出来的那种给人带来幸福的力量和灵感。无论人们眼里的施特劳斯是何面相，他总是唯一的，即政治哲人。美国对施特劳斯的两极化接受状况以特有的方式证实了施特劳斯对哲学与社会关系的思考。

美国的施特劳斯接受首先涉及施特劳斯的嫡传弟子或者与之共事过的人，以及他的再传弟子和学生的同事。施特劳斯和克罗波西所主编的《政治哲学史》中的诸位作者，以及克罗波西主编的施特劳斯纪念文集《古代与现代》中的诸位作者，或许都可归入这个圈子。[3]布鲁姆、伯纳德特、伯恩斯、布吕尔、古列维奇、吉尔丁、贾内尔、雅法、肯宁顿、勒讷、潘戈、罗森以及塔科夫

---

[1] G. Kateb, The Questionable Influence of Arendt (and Strauss), in: P. Graf Kielmansegg u.a. (Hg.), *Hannah Arendt and Leo Strauss*, Cambridge 1995, S. 29.

[2] 同上，页43，尤见最后一段注释31。伦敦时期的施特劳斯（当时在Ernst Barker帮助下出版了论霍布斯的作品）便深知，当犹太人插手另外"民族的"事务时，会面临怎样的困难。

[3] L. Strauss/J. Cropsey (Hg.), *History of Political Philosophy*, 3. Aufl., Chicago 1987; J. Cropsey (Hg.), *Ancients and Moderns. Essays on the Tradition of Political Philosophy in Honor of Leo Strauss*, NewYork/London 1964.

均在此列。这些人以及其他许多人遍布在美国和加拿大的高校。另外一些人则供职于政府或担任高级政策顾问。据说,图尔敏(Stephen Toulmin)曾称,美国国务院国家政策顾问中的一些人了解施特劳斯的著作甚至多于了解国际政治事务。

这个圈子的中心是芝加哥大学的克罗波西,众所周知,他与施特劳斯很亲近,并且管理着芝加哥的施特劳斯文献遗产。他的一部分任务就是维护其作品,体现在比如将施特劳斯的重要演讲和文章结集出版,《柏拉图式政治哲学研究》就是其中一部,该书书名以及文章次序都是施特劳斯亲定的;此外还有《解释》(Interpretation)杂志为讨论施特劳斯的哲学思想提供平台,上面不定期发表至今未刊的施特劳斯演讲之类的材料的原文。

[31] 克罗波西的另外一个任务在于厘清施特劳斯与其他思想家如科耶夫、克吕格、库恩、洛维特、施米特、沃格林以及阿伦特和法兰克福学派等的关系。① 通信集的出版就属于这个范围。破译施特劳斯极度复杂的手稿也非易事,因为他生前尽可能都用德文通信。与作品的维护相比,让这些作品以另一种方式延续下去则是默默接受者的心愿,这些作者虽然很少谈及施特劳斯,但都从他那里获益良多:比如,他们可凭借施特劳斯的阐释学思想重

---

① R. Reiner, Hannah Arendt and Leo Strauss. The Uncommented Dialogue, in: *Political Theory*, 18. Jg., Heft 2, 1990, S. 238-254; R. Pippin, The Modern World of Leo Strauss, in: *Political Theory*, 20. Jg., 1992, S. 448-472; M. Roth, A Problem of Recognition. Alexandre Kojeve and the End of History, in: *History and Theory*, 24. Jg., 1985, S. 293-306; R. Factor/S. Turner, The Critique of Positivist Social Science in Leo Strauss and Jürgen Habermas, in: *Social Analysis and Theory*, 7. Jg., 1977, S. 185-206,已出版的通信见文献部分。[译按] Pippin文章见刘小枫编,《施特劳斯与古典政治哲学》,前揭,页303-336。

新释读经典文本,或者以精审的编订和翻译来理解政治哲学史。在这一点上,范畴几乎没有限制,无论色诺芬、[1]迈蒙尼德、[2]还是莎士比亚、[3]斯威夫特、[4]柏拉图、[5]荷马、孟德斯鸠[6]以及卢梭[7]等都是值得尝试的研究对象。

施特劳斯作品探讨的是前苏格拉底哲人和晚至海德格尔的整个哲学史,但绝非泛泛而论。他对这些作品的研究和讨论相当复

---

[1] C. Bruell, *Xenophons Politische Philosophie*, München 1988 ( =Carl Friedrich von Siemens Stiftung, Reihe „Themen", Bd. 48 ).

[2] M. Maimonides, *The Guide of the Perplexed*, übers. und eingel. von Shlomo Pines, mit einem Essay von Leo Strauss, Chicago/London 1963; R. Lerner, *Maimonides' Vorbilder menschlicher Vollkommenheit*, München 1996 ( =Carl Friedrich von Siemens Stiftung, Reihe „Themen", Bd. 63 ); R. Lerner/M. Mushin ( Hg. ), *Medieval Political Philosophy. A Sourcebook*, New York 1963.

[3] A. Bloom/H. Jaffa, *Shakespeare's Politics*, 2. Aufl., Chicago 1981; vgl. A. Bloom, *Der Niedergang des amerikanischen Geistes. Ein Plädoyer für die Erneuerung der westlichen Kultur*, Hamburg 1988。[译按]布鲁姆该作品有两个中文版本,分别为缪青等译,《走向封闭的美国精神》,中国社科出版社,1994;战旭英译,冯克利校,《美国精神的封闭》,译林出版社,2007。

[4] A. Bloom, An Outline of "Gulliver's Travels", in: J. Cropsey ( Hg. ), *Ancients and Moderns*, New York 1964.

[5] S. Benardete, *The Being of the Beautiful. Plato's Theaetetus, Sophist, and Statesman*, Chicago/London 1984; S. Benardete, *Socrates' Second Sailing. On Plato's Republic*, Chicago/London 1989; A. Bloom, *The Republic of Platon*, 2. Aufl., New York 1991; T. Pangle, *The Roots of Political Philosophy. 10 Forgotten Socratic Dialogues*, Ithaca 1987.

[6] T. Pangle, *Montesquieu's Philosophy of Liberalism. A Commentary on the Spirit of the Laws*, Chicago 1973.

[7] J.-J. Rousseau, *Diskurs über die Ungleichheit*. Mit sämtlichen Fragm. und erg. Materialien nach den Orig.–Ausg. und den Hs., neu ed., übers. und kommentiert von Heinrich Meier, 4. Aufl., Paderborn u.a. 1996.

杂，很难从根本上加以总结。不过，就其主要的哲学关切及前提问题，我们倒可以给出一些提示。一方面，施特劳斯的作品旨在批评当代实证主义社会学的科学理论，反对研究实践中那种天真的实证主义，反对韦伯对事实与价值的区分。① 另外一方面更为重要的批评，则是针对法国大革命以降至尼采和海德格尔的那种特定的历史主义思维形式。②

除了科学理论之外，施特劳斯阐释学的独特形式也是人们讨论的对象。[32] 坎特（P. A. Cantor）尝试将其想法应用于文学领域，以对抗主流的解构主义模式。③ 不过，哲学、政治以及宗教关系的研究才是施特劳斯作品研究的基础。④ 在上述政治背景中，人

---

① H. J. Storing（Hg.）, *Essays on the Scientific Study of Politics*, New York 1963；以下作品从"科学/学术"视角坚决地反驳了施特劳斯的做法，参 J. H. Schaar/S. S. Wolin, Essays on the Scientific Study of Politics. A Critique, in: *The American Political Science Review*, 57. Jg., 1963, S. 125-150；施特劳斯的回应见该杂志，页152-155。

② P. Norton, Leo Strauss. His Critique of Historicism, in: *Modern Age*, 25. Jg., Heft 2, 1981, 143-154.

③ P. A. Cantor, Leo Strauss and Contemporary Hermeneutics, in: A. Udoff（Hg.）, *Leo Strauss' Thought*, Boulder/London 1991, S. 267-314; A. Momigliano, Ermeneutica e Pensiero Politico Classico in Leo Strauss, in: *Rivista Storica Italiana*, 79. Jg., 1967, S. 1164-1172; S. Rosen, *Hermeneutics as Politics*, New York/Oxford 1987.[译按] 坎特《施特劳斯与当代解释学》（程志敏译）一文见《经典与解释的张力》，刘小枫、陈少明编，上海三联书店，2003，页99-167。

④ L. Berns, The Relation between Philosophy and Religion. Reflections on Leo Strauss' Suggestion Concerning the Source and Sources of Modern Philosophy, in: *Interpretation*, 19. Jg., Heft 1, 1991, S. 43-60; C. Colmo, Reason and Revelation in the Thought of Leo Strauss, in: *Interpretation*, 18. Jg., Heft 1, 1990, S. 145-160; E. Schweid, Religion and Philosophy. The Scholarly-Theological Debate Between Julius Guttmann and Leo Strauss, in: A. Hyman（Hg.）, *Maimonidean Studies*, Houndmills 1988, S. 163-195.

们讨论了施特劳斯同自由主义民主、美国开国元勋以及联邦党人的关系,这方面的探讨收在各个文集中,可参本书文献部分。

"施特劳斯学派"绝非一个统一的"运动",推崇施特劳斯的哲学意图这一共性,并不能掩盖对施特劳斯评价的分歧。最为显著的一场分歧,是雅法与潘戈关于潘戈为《柏拉图式政治哲学研究》所撰导论的笔战。[1]这次论争讨论了有关施特劳斯理解的基本问题,比如施特劳斯是否意在修复圣经与哲学的道德,何谓哲学中的"苏格拉底转向",以及该如何定义哲学与宗教之间的关系。紧跟着是关于美国建国的另外一个讨论,其背后潜藏的问题是施特劳斯更接近苏格拉底抑或更接近尼采——可想而知,这是个极具张力的二选一方案。潘戈招致的"嫌疑"是,人们疑心他选择了尼采,而这正是罗森在《作为政治的解释学》中明确为自己所要求的。[2]

伴随着"内部"争论,还有来自外部的密集进攻,不过,鉴于上述对施特劳斯政治取向的反对与"施特劳斯派"在美国神奇的影响这种两极化倾向,我们丝毫不必对此感到诧异。批评一方面来自以实证主义为导向的社会学,[33]它们拒绝非科学性的哲学思路。沙尔和沃林早前就火药味十足地批判过这种思路,并引起了施特劳斯的回击,这是一次罕见的回应。另一方面,哲学界则批评施特劳斯的阐释方法,比如来自厄文、桑德斯、尤顿、伯

---

[1] 描述见 S. Drury, *The Political Philosophy of Leo Strauss*, Houndmills 1988,第10章。

[2] S. Rosen, *Hermeneutics as Politics*, Oxford 1987, S. 107–123, 127。[译按]《作为政治的解释学》(宗成河译),见刘小枫编,《施特劳斯与古典政治哲学》,前揭,页191–261。

恩叶特或波考克，他们批评施特劳斯的作品浅薄及其非历史性。①我们在这里无法详细展开，相关内容可以从德鲁里《施特劳斯的政治观念》一书中得以把握。德鲁里的作品之所以在德国众所周知，主要因为它是为数不多的对施特劳斯全部作品（有目的地略去了一些）的解读。②她那由几篇文章汇总起来的阐述是最为极端的解读中的一种，她笔下的施特劳斯就是尼采化的马基雅维利。皮平认为德鲁里的作品是"令人无比遗憾的夸张"，指责她隐去了许多特定的视角，尤其隐去了关于"自然"以及施特劳斯晚期作品的关键视角。③德鲁里的研究完全是论战性的，她把施特劳斯哲学的某些因素堆砌起来并加以编织，形成与施特劳斯的哲学意图完全相反的东西。④同样的意义上，霍尔墨斯尝试政治地"理解"施特劳斯，更具启发性。⑤此类"文献"极富教益，因为它们毫不含糊地使人们看到，严肃的、基于文本认知的解读对于严肃的政治理论而言必不可少。对施特劳斯的任何评判和政治性分类，都

---

① J. Pocock, Prophet and Inquisitor or: A Church Built upon Bayonets Cannot Stand, in: *Political Theory*, 3. Jg., Heft 4, 1975, S. 385–401.

② D. Herz, Rezension von Drury, in: *Philosophisches Jahrbuch*, 98. Jg., 1991, S. 430–432; D. Herz, Der Philosoph als Verführer. Überlegungen zur Philosophie des Leo Strauss, in: *Archiv für Rechts–und Sozialphilosophie*, Heft 4, 1993, S. 544–549.

③ R. Pippin, The Modern World of Leo Strauss, a. a. O., S. 467.

④ 德鲁里将柏拉图《王制》中基于自然正当说的最佳政制歪曲为僭政，因此，与之前的波普尔一样，她也未能切中跳跃性的重点，参 S. Drury, The Political Ideas of Leo Strauss, 前揭，页 93–98；Leo Strauss，《自然正当与历史》，页 145 及以下，施特劳斯在这里"为了避免误解"明确强调了最佳政制的无暴力性的自愿性，并要求所有政制具备赞同能力（zustimmungsfähig），以避免僭政。

⑤ S. Holmes, *Die Anatomie des Antiliberalismus*, Hamburg 1995, S. 115–159.

必须以确切地解读其作品为前提。

施特劳斯在德国——施特劳斯将其思想的"塑造"归功于这个国度——的接受更为一目了然。除了一些例外，哲学界几乎不重视他。[34] 这些例外之人大多是施特劳斯大学期间认识并看重的同时代人，如克吕格和洛维特。伽达默尔与施特劳斯在追随海德格尔学习时相识，二人一生都保持着联系，伽达默尔对施特劳斯阐释学有过研究。① 库恩很早便认识到《自然正当与历史》的意义，但他视施特劳斯为亚里士多德主义者，施特劳斯明确地反驳了这个说法。② 后人中值得一提的是维兰德（W. Wieland），他论柏拉图的作品就带有施特劳斯阐释学的特点。③

更为广泛的接受来自战后重新建立起来的政治学界。与阿伦特及战后在慕尼黑工作十年又离开德国的沃格林一道，施特劳斯在此语境下被看作某类政治学家的代表：他们未采取马克思主义的路向，也对乏味且收效甚微的行为主义浪潮感到不满，尽管这一浪潮的影响超出了美国本土。所以，"施特劳斯"的大名常常出现在如今几乎所有辞书中的"规范—本体论学派"语境之中。

施特劳斯之所以一开始成为一种取向，可能因为他研究的是古典政治哲学，它以某种方式将政治学和伦理学联系起来，颇契合于德国政治灾难后的新开端。但是，至于他以何种方式接受古

---

① H. -G. Gadamer, Hermeneutik und Historismus, in: ders., *Gesammelte Werke*, Bd. 2, Tübingen 1986, bes. 414–419.

② H. Kuhn, Naturrecht und Historismus, in: *Zeitschrift für Politik*, 3. Jg. (NF.), Heft 4, 1956, S. 289–304, bes. 291; Leo Strauss, Letter to Helmut Kuhn, in: *Independent Journal of Philosophy/Unabhänige Zeitschrift für Philosophie*, 2. Jg., 1978, S. 23–26.

③ W. Wieland, *Platon und die Formen des Wissens*, Göttingen 1982.

代，人们并不是很理解。后来的"里特尔学派"（Ritter-Schule）的政治学也可纳入对亚里士多德政治哲学的阐释，该学派致力于"重建实践哲学"并且获得了广泛影响。不过，影响有时候也会变成被强行利用，[35] 比如，里德尔（M. Riedel）在1988年仍不加区分地称"里特尔和施特劳斯具有新人文主义特点的亚里士多德主义"。①

除此之外，海尼斯（W. Hennis）曾于1952年在芝加哥与施特劳斯相识，后来执教汉堡期间向德语世界介绍了施特劳斯的作品。他在施特劳斯指导下翻译的《自然正当与历史》德译本于1956年问世，《论僭政》于1963年问世，后者还一并收录了卡恩翻译的色诺芬《希耶罗》对话、施特劳斯于1948年对此对话的释读以及紧随其后与科耶夫的重要论战。1965年，《霍布斯的政治学》德文版问世，此书1936年出版于英国。施特劳斯为德文版扩充了前言，并补入一篇《施米特〈政治的概念〉评注》。在海尼斯和维兰德的推荐下，施特劳斯获得汉堡大学名誉博士头衔和联邦德国大十字勋章。与此同时，汉堡大学为施特劳斯提供了大学教职。

1968年以前，人们努力召回流亡的大学者，比如慕尼黑的沃格林，得到法兰克福和弗莱堡大学聘用的基尔希海默（O. Kirchheimer），与柏林建立联系的诺依曼（F. Neumann），还有被聘到海德堡的弗里德里希（C. J. Friedrich）。海尼斯一开始对施特劳斯似乎毫无保留的尊崇慢慢地变成疑惑，至少有一个起因是施

---

① M. Riedel, Seinsverständnis und Sinn für das Tunliche. Der hermeneutische Weg zur „Rehabilitierung der praktischen Philosophie", in: H. Maier u.a.（Hg.）, *Politik, Philosophie, Praxis. Festschrift für Wilhelm Hennis zum 65. Geburtstag*, Stuttgart 1988, S. 280.

特劳斯对韦伯的批判——这件事与沃格林对韦伯地位的不敬一同引起了人们的注意。[1]施特劳斯思想在德国的接受，由不温不火逐渐地变为销声匿迹。

晚近，新一代学者重新燃起了对施特劳斯的兴趣。[36]奥特曼（H. Ottmann）和巴勒施特雷姆（K. G. Ballestrem）在其《20世纪政治哲学》中收入了由索尔讷（A. Söllner）撰写的施特劳斯条目。[2]明克勒（H. Münkler）在阐述霍布斯的哲学时试图衔接施米特与施特劳斯的论争，并吸纳了施特劳斯的霍布斯研究。伯伦德（M. Bohlender）不久前也对"施特劳斯政治哲学"的修辞学特点做了研究。[3]

沃格林的研究者也对施特劳斯感兴趣。格普哈特（J. Gebhardt）详细探讨了施特劳斯哲学方案中的关键因素。[4]负责慕尼黑沃格林档案馆出版事务的赫尔茨（D. Herz）虽然承认施特劳斯的政治哲人地位，但是由于他受德鲁里影响并且他排除了苏格拉底哲学，因此他认为施特劳斯想要建立的是"马基雅维利式"的立场。

---

[1] W. Hennis, *Max Webers Fragestellung. Studien zur Biographie des Werks*. Tübingen 1987, 37 n. 43, 56 n. 85, 223 n. 65; W. Hennis, *Max Webers Wissenschaft vom Menschen. Neue Studien zur Biographie des Werks*, Tübingen 1996, S. 157, n. 6.

[2] A. Söllner, Leo Strauss, in: H. Ottmann/K. Graf Ballestrem（Hg.）, *Politische Philosophie des 20. Jahrhunderts*, München 1990, S. 105-121.

[3] H. Münkler, *Thomas Hobbes*, Frankfurt/M. u.a. 1993; M. Bohlender, *Die Rhetorik des Politischen. Zur Kritik der politischen Theologie*, Berlin 1995.

[4] J. Gebhardt, Leo Strauss. The Quest for Truth in Times of Perplexity, in: P. Graf Kielmansegg u.a.（Hg.）, *Hannah Arendt and Leo Strauss*, a. a. O., S. 81-104。[译按]中译见刘小枫编，《施特劳斯与古典政治哲学》，前揭，页265-302。

当前对施特劳斯作品研究做出最重要努力的，则非迈尔莫属。1988年，迈尔在《隐匿的对话》中呈现了施特劳斯与施米特关于"政治的概念"的"对话"，书中详细记录并细致分析了这场对话。1994年，迈尔从施特劳斯视角出发探析了施米特的学说，并敏锐地区分了政治神学与政治哲学。1996年，他发表了先后在美国和德国各大学所做的题为《施特劳斯的思想运动》的系列报告，文中附有目前最为完整的施特劳斯作品文献。

1996年，迈尔主编的《施特劳斯文集》卷一（预计六卷）出版，①后附迈尔本人的随笔一篇。文集使人们重新接触到施氏早期的重要作品，还有诸多德文首译，并收入部分鲜为人知的遗作。毫无疑问，[37]迈尔为德语学界做出了最为重要的贡献。《文集》第一卷所引起的巨大社会反响说明，对施特劳斯政治哲学更为广泛和切实的讨论，如今得到了早该属于它的认可。新一代学人没有背上学术立场之争和意识形态之争的负担，他们毫无偏见地转向施特劳斯，重新阅读他的作品。

另外一个积极因素——改变了的学术和历史环境，也值得注意。政治学已从意识形态之争和"学派"思维中解放出来，这一思维在80年代仍影响着政治学。在东西对抗结束之后，自由主义再也无法通过与社会主义的对峙来定义自身，人们进入了自我反思的阶段。自由主义模式的前提、目的、可能性等，必须受到不带成见的检验，也就是说，不可以仅仅从拥抱了西方民主制并因此而必须应对重重困难的东欧社会吸取经验教训。对此，施特劳斯可以给人们提供重要的借鉴。

--------

① ［译按］德文版《施特劳斯文集》目前（2017年）出版到卷四，卷五和卷六待出。

不会存在什么施特劳斯哲学的"导论",因为没有哪位作者的作品像他的作品那样,拒绝任何简化的表述或者对其中心思想的提炼,没有哪部作品像他的作品那样拒绝大众化,也没有哪一部论施特劳斯的作品能够代替对施特劳斯作品的阅读并消减阅读的困难。因此,接下来的章节不会阐释,甚至也不会去描述施特劳斯的哲学,[38]而只试图遵循施特劳斯思想运动的路标,引导读者进入施特劳斯作品准备面对的问题。任何人若带着对这一问题的设想——无论多么精准都好——开始阅读施特劳斯作品,就会更清晰地辨识出他的意图。那么,就让我们从尽可能最微不足道的事情开始,从进入政治哲学问题的导引开始吧!

## 二　作为哲学危机的现代危机

影响公众自我理解的意见，是政治哲学天然的出发点。政治哲学的首要任务是诊断，它必须断定哪些是主导意见，并追溯这种意见在哲学上重要的核心，并确定其前提。施特劳斯随后认识到，一切并非如此简单。原因在于，20世纪的主导意见包括这样的信念：哲学既不可能，也无必要。哲学普遍的知识诉求在两个基本前提下受到质疑：一方面，历史主义声称哲学必须远离普遍思想，因为"历史经验"已启明了一切人类思维的历史相对性；另一方面，现代实证主义科学学说普及了一个观点，即唯有对于客观可确定的事实的科学知识方为狭义上的知识。

施特劳斯给出的诊断结果是：政治哲学的传统被阻断了。人们将该传统视为多少有些耀眼的谬见的结果，这一结果为作为终极"哲学"学科的哲学史提供了令人欣喜的材料。施特劳斯所面临的诊断任务，由此变为使哲学思考其自身的前提。哲学的传统是如何断绝的？[40]历史主义和实证主义凭何理据意图抽掉哲学的根基？施特劳斯接受了赫拉克勒斯式的挑战，开始重新讨论现代方案，以求从开端出发来理解当下。

## 1 从马基雅维利到尼采：现代方案

西方传统的根基是个矛盾。这一传统的活力来自雅典与耶路撒冷之间无法消解的张力。无论古希腊哲学抑或对圣经启示的信仰，都要求能够解答"我应该如何生活？"这个最为迫切的问题。哲学意图凭借不受引导的属人理性去认识善，而信仰则规定了人们有义务顺从地热爱圣经律法。两种回答互相排斥。长久以来不断有人尝试调和两种异质性的因素，"缓解其张力"，但是他们既没有找到哲学与宗教的综合，亦没有找到哲学与历史的调和。或许只有在某一方顺服另一方，且两种对抗性权利中的某一种放弃其本质性诉求时，哲学与宗教之间的妥协方才可能。要么哲学成为神学的婢女，要么相反。[1]西方传统的赓续，很大程度上取决于双方各自在对手面前所做的种种辩护或者驳斥对手的诉求等尝试。倘若没有两种根本性解决方案之间的对垒，就不会有西方传统，就像不会存在一个毫无矛盾的社会那样。因循主义（Konformismus）会是毁灭性的。[2]

[41]然而，哲学与宗教的张力如今看上去已经崩塌。曾几何时，在一些观察者看来，似乎哲学已经在正统与启蒙的论争中凯旋——至少是在那些无神论社会已然成为现实的制度中。但这些社会也同时将其"哲学"送进了坟墓。在世俗的制度之争中幸存

---

① ［译按］德意志诗人莱辛曾在对话《赫拉克勒斯与翁法勒》中描述过哲学与神学关系的变化，参莱辛，《历史与启示：莱辛神学文选》，刘小枫编，朱雁冰译，华夏出版社，2006，页296-297。

② 《重生》，页72及以下、239-241；F. Nietzsche, *Jenseits von Gut und Böse*, 前言。［译按］中译参尼采，《善恶的彼岸》，魏育青等译，华东师范大学出版社，2016。

的自由主义经济—技术文明本身,以科学之名怀疑哲学的认知诉求。在它看来,哲学的认识水平与其他所有可能的信念和观念相同。无法自证其科学性的知识只是意识形态。现代理性主义使得哲学很难为自己纯然的可能性辩护,因此,自由主义的西方传统岌岌可危,面临着完全分裂的危险,再也无法使人们相信该传统自身的目的,即自由和平等的人类普遍社会。

施特劳斯在《自然正当与历史》的开篇提到,在美国独立战争中,美国制度的宗教和自然正当根基被称作"自明的真理",他还指出,在德意志思想影响下,这些"真理"在今天的美国仍被视作理想或者神话。现代危机还有另一种表达是,面对20世纪的僭政灭绝人类,政治和社会却无能为力。现代无法认识自身的原则,它的精神根基变得成问题。雅典与耶路撒冷的论争似乎已销声匿迹。倘若"哲学"战胜信仰权威是以哲学的消失为代价,[42]那么,这样的成就就值得怀疑。现代的政治危机是西方传统危机的结果。①

将现代危机等同于哲学的危机是个略显过火但是极为有趣的论点。中间暗含的推论是,只有通过完全复兴和重新起用源初就与政治科学一致的政治哲学,才有可能克服危机。这一结论本身就是为政治哲学的必要性进行辩护的论据,施特劳斯式的病理学在基底上就是一种疗治。要领会施特劳斯作品的气质,就得思考,达到这个目标必须经历哪些步骤。

首要任务是,要研究导致否弃政治哲学可能性的运动。要理解进程,必须得从其原则入手,这就要求我们回到现代政治科学的开端——作为新的思想工具,它是基础性观念的多重且复杂的转变的

---

① 《城邦与人》,页1-12;《自然正当与历史》,页1及以下;《霍布斯的政治哲学》,页9;《论柏拉图政治哲学新说一种》,页327。

结果。科学并不是自律、可自证的机体，它依赖于那些利用它的人所设定的目的。为此，必须提炼出现代论调本身的诸原则，运用哲学手段对其进行分析，并搞清楚实证主义和历史主义的何种自我理解导致了理性主义被摧毁，并使哲学的可能性被抛弃。

施特劳斯在研究过程中发现，只有当反思扩展出一个关键维度时，对现代论调起始因的研究才能成功。分析现代思想时不能仅仅从现代的立场出发。[43] 谁若要将现代思想看作前现代思想的一种修正或转变，就必须按照这种被修正了的传统理解自身的方式那样去理解它。要想恰切地领会现代政治科学的原则，必须先知晓政治科学本身的诸原则。故而，跨越现代的历史框架并朝着政治科学的起源进发，出于体系性的理由是必要的。必须致力于研究苏格拉底问题——

> 实证主义政治科学并非直接产生于公民对政治事务的理解。它的产生要归功于对现代政治哲学极为复杂的转变，而现代政治哲学的产生则要归功于对古典政治哲学极为复杂的更改。就实证主义政治科学不同于这一科学的纯粹应用而言，要恰切地理解它，除了研读柏拉图和亚里士多德的作品之外别无他途，因为这些作品是对政治科学产生于对政治事务的前科学理解［这一事实的］最重要的记录。

施特劳斯还看到另一个必要性。谁若想要认识当下政治科学的自我理解的诸原则，就必须思考其语言及其方法的派生性特点，就必须"从公民的视角出发来理解政治科学家视野的根本起源"。这也要求人们重返古典传统的源初科学理解。换言之，历史主义与实证主义的方法论都不是现代危机的解决之道。[44] 施特劳斯让我们看到，米利都的希波达摩斯（Hippodamos von Milet）对政治科学起源的纯粹历史性研究如何不得不终止，并且因此而未能领会其研究对象。

此外，施特劳斯还指出，实证主义社会学从自身的科学理论立场出发，就连为自身的必要性辩护都无能为力。出于科学的理由本身，人们不得不跳出典型的现代社会学的局限，而现代社会学正是典型的现代思想局限的一种机能。故而，若要超克现代危机，就必须找出一种全新的整全视野，它要能够克服现代社会学及其方法论以及为之奠定基础的历史观。于是，古典政治哲学的科学必然性应运而生。①

在施特劳斯看来，当下主流的思潮仍是历史主义和实证主义，二者是现代方案的功能，且都否认哲学的可能性。施特劳斯在研究中表明，现代也有其道德根基，并且旨在进行道德还原。因此，探究历史主义和实证主义，应该从理解现代性的起源、特质以及发展开始。

对施特劳斯来说，为此重新引入"古今之争"从一开始就显得尤为必要。这场论争是古希腊罗马诗歌的捍卫者与17、18世纪自信的法兰西诗人之间的文学争论，前者认为应该捍卫作为不可超逾的准绳的古典性，[45]而后者则自信能建立新的古典文学时代。"古今之争"主要是传统与现代之间最后一次大的论争，并且是在非历史性的意识下——即便没有自始至终——进行的。施特劳斯在30年代初"引入古今之争"，标志着对甚嚣尘上的历史意识的反抗，这种意识完全不允许用过去表达过的观点来进行有关这一公案的真正论争。

---

① 《苏格拉底和政治学问的起源》，页129及以下，页133、135、138。

施特劳斯所关心的并非"重返"前现代立场,而是当下的根本性争论,争论中双方都不愿把来自对手及其固执偏见的诸条件强加于自身。施特劳斯所推动的论争,就内容而言陷入了古典哲学与——哲学上被阉割且深受历史主义和实证主义思维影响的——现代科学之间的不和,后者立足于欧洲的废墟之上,凭借技术上征服自然和经济福利所带来的耀眼荣光,为自己高唱赞歌。施特劳斯重新举证并清楚表明,现代原则的捍卫者本身不得不坚持与非现代原则论战,而无法退回纯粹的辩护立场;而且,倘若他们意图忠实地遵守自身的原则(比如不带偏见和激进态度怀疑),就必须有能力拉开批判性的距离(即从对手的视角出发)去持续地检审自身原则,否则就有心怀叵测且教条地持守固见的嫌疑。现代的指导理念认为,持续不断地对我们的基本观念进行自由和中立的检审是必要的。[46]重新引入古今之争不只是施特劳斯作品的内在主题,它也外在地表现在与科耶夫的论战中,后者在一篇题为"僭政与智慧"(起初题为L'action politiques des philosophes[哲人的政治行动])的文章中回应了施特劳斯对色诺芬《希耶罗》的精彩疏解。[①]

要理解施特劳斯重新引入的古今之争,有必要审视他对古与今的界定。以16世纪为界将历史划分为现代和前现代,其前提是一种看起来简而化之的时代二元论。施特劳斯当然清楚,这两个大的时代绝非同质性的历史发展阶段,相反,它们就自身而言一方面相互区分,另一方面又相互渗透。在古代也曾有过"现代",而在现代也有鲜活的"古代"传统,因而,古代与现代的区分不

---

① [译按]科耶夫文章中文版见施特劳斯,《论僭政:色诺芬〈希耶罗〉义疏》,北京:华夏出版社,2006,页148-192。

仅没有编年性的标准，也没有编年性的意义，认识到这一点极为重要。一个现象，并不因其出现在比如1532年与当下之间，就成其为现代的。人若关心的是批判地检审现代的原则，就应该用符合其先驱者的自我理解的方式去界定现代。因此，即便马基雅维利没有像其后人霍布斯所做的那样，直言不讳地提出对原创性的诉求，激进地与传统原则相决裂也属于马基雅维利的自我理解。正是这种诉求成了定义现代的关键标准。现代性即便不是一种思想，也是一种立场，它首先表现为以否定的意图拒绝所有形式的古典哲学。[47] 也正由于这个原因，中世纪时期在施特劳斯的二元划分中没有出现。无论是马基雅维利、博丹抑或霍布斯，都是反对古典的原则，而非主要针对中世纪思想，因为后者恰恰与现代有着根本的共性，即中世纪思想亦受到（即便以不同于现代的方式）圣经教义的影响。古典政治哲学的一致性在于，它坚信政治生活的目的是德性，且贵族共和政体或者混合政制才是最有益于德性的秩序。而现代所根据的否定性原则却认为古典模式是不现实的，从而对其加以拒绝。①

那么，现代的实证特点都有哪些？施特劳斯在描述其特点时谈到"现代性的三次浪潮"，正如其身后发表的同名文章《现代性的三次浪潮》（1975）所暗示的那样；我们也可以由此把握《自然正当与历史》一书的气质。三大浪潮的第一次是马基雅维利，第二次是卢梭，最后一次则是尼采。不过，这些大名并非代表着某个首先被理解为编年性的进程，相反，它们标志着在这几个人身

---

① 《霍布斯的政治哲学》，页9及以下；《重生》，页242及以下；《现代性的三次浪潮》，页83及以下，页93及以下；《什么是政治哲学？》，页40、172；《论柏拉图政治哲学新说一种》，页328。

上体现得尤为显著的现代性的某个独特特征。我们可以将他们三位理解为最终导致了作为现代危机之哲学危机的前提和后果。总的来说，现代性有如下几个重要特点：

一、现代政治哲学将其视野局限在对社会的解读。为了"人们征服自然以便改善其环境之故"，它放弃了认识整全的目的，用柏拉图的话说，即委身于历史世界的洞穴，囿于其居民的需求和实践问题，[48]而放弃了人类完善性之维度，该维度包含了洞穴外部的维度。于是乎，人类孤独无依地落入现代思维的中庭。与古代的宇宙中心论特点以及中世纪的上帝中心论思想相比，现代的人本中心论这一基本特点尤为明显。为了获得安全保障，政治哲学委身服务于世俗权力。

二、限制认知兴趣并意图使实践性解决方案变为现实，且二者都以限制道德标准为前提。现代对人的理解不再是基于他能够是或应是的那样，而是来自人实际所是的那样。[①]古典道德的规范性要求与基督教一样，都阻碍了实践性意图，基督教通过原罪意识削弱人的地位并使人无法自主。道德标准的降低不可避免地为古典哲学的方案带来剧烈变化，并且造成德性理解上的关键变异。由于局限于历史洞穴的实践问题，德性再也不能被理解为社会所应遵循的超历史性标准，相反，社会标准成了人们本应理解为德性的事物的准绳：社会所认为正义的并且对其有利的，才是正

---

① [译按]亚里士多德在《诗术》（旧译《诗学》）第25章谈到索福克勒斯和欧里庇得斯二位古希腊肃剧诗人的区别时，亦提及"应然"与"实然"的问题，启蒙运动时期，德意志诗人莱辛在《汉堡剧评》（第94篇，1768年3月25日）中同样认识到该问题的复杂性，"关于这个问题的详细阐述，不是一个脚注能办到的"（中译本参《汉堡剧评》，张黎译，上海译文出版社，1982，页475）。

义的。

在此观点下，德性的道德之维因市民德性之故而被取消，爱国主义、忠诚于集体性的利己转而成为人们关注的焦点；与此同时，自私自利与激情从德性之中解放出来，[49]它们不再受到德性的制约和平衡，它们作为好胜心（Ehrgeiz）和荣誉心（Ruhmsucht）迅速成为德性的组成部分。与此相关，只要激情、自私自利以及权利诉求能够更轻易地用来在实践上实现利益，即对道德德性的呼吁、对自然秩序的适应以及对义务的履行，那么就会产生动机问题。

现代的伦理观是享乐主义的，是将善等同于舒适。其独特之处在于将享乐主义变成政治构想的根基。古典享乐主义的自我理解是非政治的，是政治社会边缘的个人态度，而社会的行之有效需要其他原则。现代的政治享乐主义则变成了一种学说，它比其他任何学说都更多地带来社会状况的激进变革。

三、政治和道德的重新定位造成的后果，是从根本上重新定义人与自然的关系。人本中心论的现实观反对把人理解为自然秩序的一部分，或者将人看作应归入创世框架之内的造物。相反，人本中心论对整全的关注选择了属人的视野，具体而言，就是作为世界建构和构造原则的属人意识这一视野。主观性正是一切丧失了自然根系的"文化"的根源。人与自然的关系的改变有多个方面：

1. 通过适应社会的配额目的，人们丧失了与自然目的的联系；

2. 自然不再是属人生活持存的且需要保留的根基，反而成为必须借助文明来克服的敌对状态。现代契约论赞成一种自然状态的构思，[50]享有基本权利、自私自利的个人在其中处于相互威胁的关系之中。自然状态着眼的是对自身的否定；

3. 不仅被理解为原始相互威胁状态的属人天性，而且外部的自然，都被视为现代方案实际意图的障碍。自然和偶然都与人为敌，因而必须被征服。现代的文明方案即是对自然的反击。

四、要实现现代的方案，就需要重新定位科学，后者不应该再关心对自然的理解，相反，人们更多是把科学作为恣纵自身权力的工具。现代方案的前提是与古典科学原则彻底决裂。仅仅指出17世纪的科学拒绝终极因，以及目的论思想并非晚至奥卡姆的威廉（William of Ockham）才声名狼藉，这是不够的，因为古代的唯物论者也拒绝终极因，但他们并没有强烈反对好的生活等于合乎自然的生活之说，而现代科学质疑的正是这一点。现代科学与自然为敌，与其说是基于科学—方法论的发现，毋宁说是基于道德决断。总之，自然使人难以勉力维持生命。现代运动乃基于让人通过主动进取来摆脱自然所施加的奴役这一坚定决心，它表现在号召人们征服自然。自然于是被视为仇敌，而科学则是为征服自然服务并遏制自然的武器。鉴于这种构想，人们在自然性之外探寻着阿基米德支点，[51]因为自然性已成为非-人性的近义词。与此同时，知识的功能也发生了改变，它不再是对人类自视为其组成部分的整全的冷静审视，相反却成了一种在盲目和漠然的必然王国中生产求生机制的工具。故而，霍布斯选择了一种建构主义式的（konstruktivistisch）方法，它能够在唯灵论（Spiritualismus）与唯物论（Materialismus）之间保持严格中立。

之所以说现代科学的构造是建构主义式的，是因为它认为只能够信任它所完全掌握的事物。只有那些由人所构建并因而能够被人所掌控的概念，才可在逻辑领域中视为可信的认知工具。现代科学的概念机制得自抽象且"空洞的"视野，而非来自大量前科学的经验。从这个认识论视角来看，现代融合了两方面：一方面是对理性能否认识宇宙的极端怀疑主义，另一方面是对建构主义式的科学"真理"的极端教条主义。这一混合首先导致的就是对人类知识能够无限进步的全新信仰,并视这种进步能力为一种体系,或者一套无可指摘、得到确证的假设。

五、与这种进步乐观主义密不可分的是某种"启蒙"观,据此"启蒙观",哲学和自然科学知识的普及和广播能使人摆脱偏见,并能达到现代思想所预言的福祉。紧接着自然科学进步到来的将是社会的进步,因此,科学与社会之间的和谐是可能的。

六、[52]与仇视自然并采取一种以征服自然为目的的科学相伴随的,是转向历史,这也包含多个方面:

1. 对自然目的的舍弃,隐含着否认人类完善性这一自然目标。人离开了自然秩序无所不包的环境,从而获得无限的适应力。随着人转向能动地塑造人类环境,属人天性便开始能动地适应这些状况。最后,属人天性被归结为纯粹的适应力,即可完善性(Perfektibilität);

2. 一旦人脱离与自然的关联,作为自由王国的历史之维便与作为必然王国的自然对立起来;

3. 现代思想的重新定位进而加速了人类自我理解的历史化。自然科学的成就,让人们憧憬着在借助技术征服自然上能够取得无限进步。上述种种原则若应用到政治事物领域,就会导致人坚信社会将无限地进步下去,并且指望能够用政治手段来解决人类问题。一经将视野限制在历史洞穴之中,人们对好生活的追问就退居于对进步的兴趣之后;

4. 思维的历史化导致一种新的依赖,这种新的依赖取代了自然秩序的束缚。属人的自由因自身更早期的表现以及自身历史行为的连续性而受到削弱。

七、卢梭以批判的态度反对导致了启蒙运动的发展进程。他臧否现代市民生活的非自然性，并且鄙薄会毁灭哲学的哲学普及化运动。[53] 由此，他以自然和德性之名站在这个进程的对立面。然而与此同时，他也接受了某些现代的前提，如使德性依附于民主、重视本能、构想理论科学。虽然卢梭想在启蒙面前为古典哲学的理念辩护，但是，他哲学中的现代基因，决定了他不可能解决城邦与自然、哲学与社会、政治平等与自然不平等之间的冲突。

卢梭接受了现代的自然状态说并使之彻底化，并且意图借助现代理论科学的手段调和自然状态与文明进程的矛盾。他所设想的必要过渡，是从原则上动物性的原始人到市民的历史发展。他将自由改写为一种空洞的可完善能力，这样，文明状态的特点就可以视为历史性的，并且是依赖于历史进程的。不过，人也因此而被释读为历史发展的产物，另外，人与动物的差异也被约减为渐进过程中的不同阶段的区别。卢梭的批判中隐含的危机进一步为现代赋予了新的方向和动力。

八、尼采认识到现代问题并使这个问题尖锐化。青年时代的施特劳斯，即博士毕业并且与马堡新康德主义的关系渐告终结之后的施特劳斯，曾是尼采的拥趸：

> 我不得不承认，二十二岁到三十岁之时的我对尼采是那么心醉神迷，以至于我对他所说的一切——就我所理解的而言——都信以为真。

[54] 后来，施特劳斯逐渐开始怀疑尼采也许有些"不太对劲"。在尼采看来，现代运动执着于追求这样一种类型的人：他免受一切冲突和痛苦，过着内容空洞、非政治的生活。尼采认为，现代运动完全有可能企及这一目标。然而，相较于人类所丧失的

人性，相较于降低为被偏狭、狂妄、自大从而丧失了其本质的群氓，人类为达到这一目标而必须付出的代价一点儿也不少。

在尼采眼中，现代欧洲正走在十字路口，处境岌岌可危。尼采认为，自己已在历史的制高点揭开这一十字路口的谜语。他清晰的视见领会了包括当下和未来的整全历史；为了抗衡现代鼎盛时期的唯理主义带来的人类谬见和堕落，必须重返古代。他认为，恶的根源在于，以理性为信念的时代坚信那种能够解决人类问题的乐观主义。他明确指出，这一发展并非起源于现代对古典理性的颠转，而是起源于苏格拉底身上静观者的首次出现。

不过，施特劳斯所理解的尼采是这样的：尽管——或者由于——他主张重返古代，但在与现代的针锋相对中他仍然是不折不扣的现代人。在尼采那里，对即将来临的危机的意识似乎使他渴求一种强力的、积极的对立立场。尼采"能动的悲观主义"试图通过激化危机来解决危机，他对叔本华悲观否弃世界的行为穷根究底，以求突破叔本华并获得一种思维方式，它能超逾所有对世界的否弃。[55]在极其细致的《注意尼采〈善恶的彼岸〉的谋篇》一文中（该文在《柏拉图式政治哲学研究》中的位置尤其突出），施特劳斯探讨了这一趋向。在"上帝已死"这一致命真理的根基处，浮现出来的恰是该真理的反面。施特劳斯认识到尼采的神学及其凭借权力意志"对上帝进行明确的非-有神论辩护"。在思想接近"宗教本质"时，尼采背离了古典哲人，权力意志取代了爱欲的位置。

> 基本的二选方案要么是哲学对宗教的统治，要么是宗教对哲学的统治，而不像在柏拉图和亚里士多德那里，是要么哲学生活要么政治生活。不同于古代哲人，对尼采而言，比起哲学或者宗教，政治一开始就属于较低的层次。

施特劳斯从尼采身上移开了视线，因为尼采的诊断虽然无法超逾，但是他的疗治方案会带来灾难。在施特劳斯看来，尼采未能采取一种苏格拉底早已有过的看法：苏格拉底赞成那种真正可称为乐观主义的理性主义，因为它寓于对整全的目的论式的理解之中。苏格拉底首次把人类活动作为哲学的中心主题，依据目的来研究诸事物，以此承认了善的优先地位；他懂得将节制与智慧统一起来。①

## 2 哲学的危机：历史主义与实证主义

海德格尔与韦伯，一位是哲人，一位是社会学家，两人都步了尼采后尘。他们是20世纪历史主义和实证主义思维方式的杰出代表，[56]政治哲学之丧失其可信性就归咎于这种思维。19世纪"哲学的历史化"——"人们自以为洞见到真理只是时间的一种功

---

① 《城邦与人》，页3，页37及以下，页42及以下，页45；《文集》卷一，页7，页30及以下；《论卢梭的意图》，页457，页467及以下，页472、484；《古今自由主义》，页261及以下；《自然正当与历史》，页25，页181及以下，页184及以下，页188-191、206，页271及以下，页275；《论僭政》，页198、215，页217及以下；《迫害与写作艺术》，页33及以下；《哲学与律法》，页20、22、36、51，页88及以下；《重生》，页238及以下，页242，页244及以下；《柏拉图式政治哲学研究》，页32及以下，页176，页180及以下；《与沃格林通信》（1935年6月23日），页193；《存在主义》，页305；《论柏拉图政治哲学新说一种》，页360及以下；《苏格拉底和政治学问的起源》，页136-138；尼采，《善恶的彼岸》，前揭，箴言37、150；Nietzsche, *Morgenröthe*, Aph. 205.［译按］中译参尼采，《朝霞》，田立年译，华东师范大学出版社，2007。

能，且任何哲学都属于某一特定时间和地点"——自然而然产生于根本的现代倾向，即意欲凭借人类的创造力在起源的概念里领会万事万物。

施特劳斯认为，哲学的历史化在海德格尔的存在主义中达到极致。一旦人们不仅仅将现象，即人在时间中的行为理解为历史现象，亦将理解的原则本身，即作为整全的理性，视作依赖于地点及为人服务的时间，那么，一切行为和思维"除了无根的人类决断或命运机缘之外，就别无其他根系"。如此理解的话，历史主义就是为了世界观、意识形态以及实证科学之故而对知识的消灭。

> 我们可将实证主义理解为一种世界观，在它看来，只有科学的知识才是真正的知识。

科学知识自视为对具体事物的认识，这些具体事物借助方法上稳健的手段可以升华到"事实"的认知层面。如此理解的实证主义不仅不再顾及前科学的知识，也排除了人有能力判定任何形式的价值判断为有效或无效。施特劳斯认为，"历史主义"和"实证主义"是典型的现代哲学的思想"运动"，这样的思想会危及思本身（das Denken）。相反，古典政治哲学则"理所当然地"（most certainly）认为理性价值判断是有效的，[57]并且要求这些判断为真。因此之故，古典政治哲学被现代运动视为彻底非科学、彻底非历史而遭到摒弃。[1]

现代历史是政治哲学消失的历史。这不仅造成"文化的"偏移，比如转向历史主义和实证主义思维，也带来了明显的政治后

---

[1] 《柏拉图式政治哲学研究》，页29及以下，页186及以下。

果。当政治哲学不再参与竞答何为正义生活和正义社会秩序的问题，其他力量就会主导竞争并决定竞争，而不受属人理性的节制所影响。利用现代唯实论（Realismus）来排除道德视域，造成的结果是将哲学讨论化约为中立的领域，哲学在其中不再能凭借宗教和政治权威去论证基础性的问题，相反，它只能在"历史意识"和"科学客观性"方面同新的力量论争这些问题的主题、方法以及功能作用的重要性。如此也就不奇怪，纳粹能够在政治上使哲学休克的标志下拥抱尼采，并且海德格尔也为这一运动赋予了内在真理和重要性。在没有哲学的世界中，信念与信念相冲突，没有任何科学能够客观地决定拥抱哪个神明。

长久以来，人们以方法论为借口，将政治哲学挤向政治科学的边缘。如果说哲学从前等同于科学并且代表了对属人事务的广泛研究，那么，它如今已裂为碎片，就如同一条虫子的各个部分。［58］人们首先区分了哲学与科学，以便为了取消哲学的正当性，明确区分非科学的哲学和非哲学的科学。此外，从前统一的政治哲学的宏大领域各自独立出去，建立起诸如经济学、社会学、社会心理学等单独的学科门类。作为许多多少有些明显的谬误的貌似自成一体的结果，政治哲学本身被降低为历史研究的纯粹对象。"历史"和"科学"是现代世界的两大强力，它们最终成功地使政治哲学的可能性变得可疑。因此，若要从非现代视角出发批判性地审视现代原则，就必须为哲学的可能性辩护。除了在一些短文中，施特劳斯也在《自然正当与历史》的前两个章节挑战了这一任务。[1]

在施特劳斯看来，"历史主义"是一种特定的哲学运动，它以

---

[1] 《迫害与写作艺术》，页156及以下；《什么是政治哲学》，页17及以下。

属人理性的历史局限为由拒斥政治哲学。历史主义思维的一个主要理据,是不同社会秩序习传性的"历史体验",它由此得出结论:不可能有什么外在于历史的自然正当规范。与之相反,古典的习俗主义则在自然(physis)与礼法(nomos)的区分中明确地看到了哲学的理念。

>自然正当的现代敌人恰恰拒绝这一理念,在他们看来,一切人类思维都是历史性的,因此就不可能领会任何永久性的事物。在古人那里,哲学同时也意味着离开洞穴,[59]而我们的同时代人在本质意义上则属于一个"历史世界"、"文化"、"文明"抑或"世界观",也就是柏拉图笔下的洞穴。我们称之为"历史主义"。

哲学认识取决于飞升出柏拉图的洞穴,由此也取决于区别于历史主义思维。本质而言,哲学不是任何历史学科,尽管它根本上是一种"学科"。施特劳斯认为,认定属人思维具有历史局限性这一观点会导致如下看法,即"它建基于与属人思维本身不相关的特定经历和经验",这种看法自觉地将历史立场与哲学对立起来。因此,哲学的任务就在于,必须借助人类自身理性的诸手段来获取知识。哲学的认知诉求要求人们具备一种绝对的或者自然的视域。即便不可能存在对万物和人事的整全的普遍认识,人们也必须认识到,有限地认识万物秩序是有可能的。

对施特劳斯而言,属人知识的绝对视域是个成问题的视域,与之相连的是对一系列基本问题和基础性备选方案的认识,这些问题和方案不因历史环境变迁而改变。历史主义否认永恒知识的某些前提,并且要求把作为哲学学科的"哲学史"中的哲学与历史问题融合起来，这就给当代哲学提出了最为紧迫的问题。如果哲学本身受到历史主义的威胁，那么，[60]自然正当就第一个受到威胁，人们会以历史之名对它发起攻击。自然正当为完满和源初意义上的哲学之有可能存在，也为属人思维能够在一定范围内达到真确、普遍以及永久有效的知识提供了前提。①

在施特劳斯看来，现代以历史之名对哲学发起的攻击带来两个层面上的问题，对此必须加以厘清。可以将两个问题分别表示为"朴素历史主义"和"激进历史主义"。历史主义思维的基本观点之一是，个体都是历史性的现象，都依赖于各自发展的进程，仅仅相对于各自的历史视野有效。施特劳斯将那些初步涉及以下三大主题的说法归为朴素历史主义：首先，朴素历史主义是与自然正当说在内容上相对抗的领域；其次，朴素历史主义涉及政治哲学的对象和阐释的问题；最后，它涉及哲学和历史主义思维在实践上的取向。

一、从现代的文化理解来看，历史作为独立的现实维度，与自然相对立，它是属人的自由王国，与之对立的是由因果关联组成的必然王国。作为理性自律的自由，超越于人类自然和因果律的宿命。人类在自主的和创造性的活动中为自己创造了"自然"、世界以及自己的真实。人成了决定一切的主体；作为主体，他也成了"文化"和"文明"的中心；身处文明中，他可以成功地从原始和自然的束缚中解脱出来。世上万物若尚未借由人类活动而

---

① 《自然正当与历史》，页10-13，页25及以下，页33及以下，页37、59，页199及以下；《论僭政》，页35及以下；《迫害与写作艺术》，页151、158；《霍布斯的政治哲学》，第六章；《重生》，页24及以下，页239、242、245；《什么是政治哲学》，页26、56-59、69；《论柏拉图政治哲学新说一种》，页329及以下。

变得有价值，都是无意义的。[61]洛克的财产理论至今影响着人们对自由主义的理解，其前提根据就是：自然只不过是无意义的物质，只有通过人类的加工才显珍贵。

哲学不理会人及其自我认知，转而关注作为以效果为目的的科学素材的历史，这表明人背离了自己的天性，而转向作为一种技术-经济价值最大化的素材的"自然"。因此，自由与统治这一基本的政治关系被重新掩盖起来。将历史视为与自然对立的自由王国，暗含着人们对属人思维和活动的局限在理解上的改变：创造性的主体性不受任何自然限制，它能够凭借文明的无限历史进步不断克服这样的局限。行动着的主体性的唯一限制，在于它自身的历史。它受自己过去的产物即自己所创造的"文化"束缚。行动与思维受自身的制约。因此，它的界限即是历史结构，而非古人所认为的自然之永恒秩序。就政治而言，行动和思维的历史局限在于，具体政治事件以及与之相应的秩序和法律观念具有多样性——这些观念相互排斥。秩序观念的多样性在共时性（synchron）上是"文化的"，在历时性（diachron）上则由纯粹个体现象的历史承续决定。对多样性的观察变成了一种"历史经验"，并且最终成为政治哲学或自然正当的不可能性的"历史证明"。[62]从当代的政治学观点中可以看出这一历史主义思维的具象表达，该观点与一种毫无可鉴先例的政治状况有关：任何往昔的思想，尤其任何古典自然正当的样式，都无法对当下政治学做出大的贡献，因为它根本不能达到当下政治状况的水准。

二、就方法而言，有历史根据的科学，有别于哲学的基点。"哲学对政治事务本性以及最佳或者正义政治秩序的追问，原则上不同于总是关心个体的历史追问"；历史主义思维则认为，"哲学和历史追问的根本性区分归根结底无法得到维持"，而且哲学的真理诉求基于根本的谬误之上。正是在政治领域人们才无从谈起普遍性的结构，相反，政治研究的意图只能针对个体现象，它们在特定时期出现，继而变迁，最终消散。因此可以得出的结论是，要谈论我们现代"文明"的政治，而不是谈论政治事务——它们事实上是人类自由的产物——的"自然"。

不过，更为深思熟虑的态度会赞成如下说法：如果未先得出关于城邦自然的观念，就不能侈谈现代国家。人们有时也承认，尽管不能放弃哲学的普遍追问，但总可以放弃它普遍的认知诉求。因为，不仅被追问的政治事务，[63]而且对现实中这类问题的回答，都依赖于其所处的特定状况。"有关城邦自然的观念"包含的并不是含有事实的命题（sachhaltige Aussage），而只能被视为启发性的论据。任何对普遍问题的描述——更不用说研究或者解答——都不能为自身取得普遍的有效性。抛开所有客观考虑，历史观之所以优于一切传统哲学，是因为哲学缺乏一种对理性之历史性的洞见。历史进步的假设导致重返早期学说似乎不可能，因为人不可能重建历史条件。比如，将古代学说转渡到历史性的当下就行不通，因为这样的转渡必然要对该学说做出巨大修改。

三、"对历史的发现"映照出现代性与时间结构和属人理性之效力的关系，这一发现反映了现代性的道德—政治根基。历史主义思维否认理性知识的永恒性，因而同时也否认了重复古代的可能性，这种重复被历史地理解为诸种思维样式。其中暗含了历史主义思维独特的、以未来为旨归的实用视域。施特劳斯在《自然正当与历史》中让人们看到，"历史学派"如何在对法国大革命"诸抽象原则"的反应中产生。历史学派反对一切超世俗的规范，因为这些规范定会迫使人们疏远传统的社会秩序。革命力量于是从哲人所关心的普遍原则中迸发出来。[64]对现存政治秩序和基于普遍原则的理想秩序的对比，常常因"此时此地"（das Hier und Jetzt）之故而失灵。思想的历史化尤其意图忽略自然正当思想的政治爆发力，并从"此时此地"派生出此时此地属人状况的秩序。人应该在自己的世界里栖息，即每个国族应居于自己的天地。

现代历史观带来诸多政治后果。历史主义思维着眼于一切历史现象的相对性和历史变迁的动态性，不再追问真正的政治秩序，而是追问对于未来而言可欲的秩序。所有时代的人都应该基于自己的经验和对未来的希望来重新阐释过往时代。于是，哲学被赋予了积极的角色，它的任务不再是静观或者完善道德，而是要改造世界。它得清除横亘在当下与更美好的未来道路上的障碍，并在通往未来的道路上进行政治领导或进行辅助。于是，真理被实践性的方案替代，哲学以前所未有的方式被政治化。①

施特劳斯并未系统性地批判历史主义，而更多是在不同的论战语境中批判之。其批判程度恰恰合乎特定语境的要求，以便论辩得以继续。另外，他的批判总是以批判时具体情形中的修辞语境为依据。施特劳斯与朴素历史主义的较量意在证明，政治哲学的普遍问题不能被消解为一个历史问题，[65]对最佳政治秩序的沉思性追问也不能简单地被追问可欲的未来秩序所代替。

施特劳斯想要让人们看到，凭借一系列基本主题和基本问题的延续性，不变的思维框架标记了人类在哲学上的自我肯定。施特劳斯对历史主义的批判首先集中于三个重点主题。一、他将历

---

① 《文集》卷一，页176；《自然正当与历史》，页12，页14及以下；《迫害与写作艺术》，页151及以下；《什么是政治哲学》，页59及以下，页70；《苏格拉底和政治学问的起源》，页132；John Locke, *Zwei Abhandlungen über die Regierung* II, § 43。[译按]中译参洛克，《政府论》（上下卷），瞿菊农/叶启芳译，商务印书馆，1982/1964。

史主义的客观观点运用于历史主义本身,从而揭示出这种所谓的"历史经验"的内在矛盾性。二、他揭示出纯粹历史化的阐释方法不适用于哲学文本。最后,他尝试从诸结论出发来进行批判。

相对于施特劳斯所关心的哲学问题,他对朴素历史主义的批判显得相对外在化。他的批判指出了"发现历史"的历史局限,这本身就是基于历史根基。他对历史主义自我矛盾的揭示,从逻辑的终点处为他关心的哲学问题设置了约束,而他从结论出发进行的批判,则重新将历史主义思维置于一个会呈现其不足的时间参照(Zeitbezug)中。细加观察,这似乎并不是从外部对历史主义思维的反驳,反倒是把历史主义思维一以贯之:历史主义若要彻底正视自己,它本身就得采取这一连贯思维。这种思维的连贯性就是借以抵达作为哲学构想的激进历史主义层面的云梯。

施特劳斯借"激进历史主义"这个关键词同海德格尔较量,后者曾把哲学问题的思考带到了它的深渊。施特劳斯于1922年首次聆听海德格尔授课,他把海德格尔看作20世纪最伟大的哲人,[66]并视之为自黑格尔之后从未出现的大人物。但施特劳斯在作品中几乎没有表达过对海德格尔在哲学上的敬佩,因为后者只被极少和不经意地提及。能够证明施特劳斯赋予海德格尔哲学重要性的,是《柏拉图式政治哲学研究》这部文集,集子里面是他亲自编订的一系列小文章,直到去世十年后才得以出版。文集一开始就密集地批评海德格尔的存在主义。海德格尔是当今时代柏拉图式政治哲学理所当然的出发点。值得指出,在其他语境中,海德格尔思想也是被施特劳斯所讨论的独特参照点——只不过不易辨认而已。施特劳斯对海德格尔只有极少的说明,这些说明不足以描述他对海德格尔全部哲学——哪怕是从根基上——的解释。其所服务的意图是,在当下时代的主流意见中寻找政治哲学的出发点。在理解问题上提示一下施特劳斯本人如何看待海德格尔，或许并无不妥。

> 我愈是领会海德格尔的目的是什么，就愈能看清自己所欠缺的。我所可能做的最愚蠢的事，或许就是闭上眼睛并把他的作品弃之不顾。

施特劳斯这这话也有其政治缘由。在施特劳斯看来，海德格尔在1933年至1953年对纳粹的拥护，不仅仅是应归咎于一个想入非非的人物的小市民日常心性的琐屑之事。他认为海德格尔拥护纳粹与其思想的内核密切关联，也就是说——认识到这一点很关键——海德格尔思想没有为政治哲学或者伦理学留下余地。[67] 为何没有？施特劳斯回到了胡塞尔，后者曾批判过新康德主义。在胡塞尔看来，新康德主义以哲学的屋顶为开端，而他本人则以哲学的根基为开端。也就是说，新康德主义视对科学思维的分析为唯一任务，而胡塞尔则认识到，科学思维以对世界的自然理解为前提，前者派生于后者。胡塞尔理解的规范世界是我们的感官所感受到的世界，如此理解的世界首先必须是在哲学上可经验的。

> 相较于胡塞尔，海德格尔在如下方向上走得更远：首要的主题不是感知的对象，而是整全事物，人们将该事物经验为属人个体语境的一部分，即整全事物所属的个体世界。

然而，人们经验事物的个体世界千差万别。以奶牛为例，人们可以按照奶牛的首要和次要品性科学地把握它，也可以将它视为农民家中的一分子，还可以像印度人那样通过其神性来经验它。

> 其中隐含的是，人们无法再说他们对世界的理解是"自然的"；对世界的任何理解都是"历史性的"。

海德格尔认为，这意味着重返唯一一种属人理性背后"生长出来的"语言的多样性，并且重新"立足大地"。与之相关的哲学任务要求人们认识一切历史世界背后的普遍结构。披着海德格尔哲学外衣的激进历史主义的特征是，它认识到历史世界本身背后的普遍结构必须保留"历史经验"。对人类历史命运的终极洞见必定是历史的内在终极。[68]施特劳斯说，海德格尔因此断定，只有那种自觉为历史性的思想，才能获得最终的洞见。并不是所有时代都有可能从柏拉图的洞穴中飞升出来。以"历史意识"为条件和源泉的基本经验会告诉我们事实状况究竟如何。也只有这样，基本的历史经验才能同时表达一种客观真理——尽管带有时代局限性。关键的真理并不是一般意义上的知识，原则上它也非所有人凭借认知性的理性手段就可以获得，毋宁说，它是通过命运的安排启示出来的。只有当激进历史主义搁置了未来是否会被另外一种不同的经验视野替代这个问题时，人们才能将它理解为一种绝对洞见。激进历史主义使这种洞见成为中间阶段（Mediatisierung），这才会是它真正可以确定的。

有别于其他不同的视野，历史经验标示出历史——历史命运在其中向人们启示自身——中的绝对因素。激进历史主义所理解的这一因素与黑格尔不同，后者将自己的哲学看作历史的起点和终点，所有过往时代在这里完成自身。黑格尔的体系展现出对

"发现历史"与源初意义上的哲学之间的"调和"。他认为能够指出历史是一个理性的进程,他说,思想在历史中的自我发展,从理论上看在他的体系中、从实践上看在法国大革命之后的国家中已经宣告终结。他证实了历史的终结,历史尽管从表面来看仍在继续,但缺乏统一的内在发展。达到顶点之后的历史只会是一种斯宾格勒(O. Spengler)意义上的衰败史。

海德格尔全然不理会理性支配历史的观点。[69]激进历史主义坚信,所有早期思想在关键方面都有不足,都未曾意识到自身根本性的历史命运。历史洞见只会出现在历史主义思维的时代。然而,回到这一洞见之前却不可能。对哲学而言,历史主义思维的后果是根本性的。不仅哲学的普遍追问具有历史局限性,哲学理念本身也只是个不充分的理念,根本上受制于特定的历史类型,即希腊人及其思想的子嗣。古典理性主义之所以未曾离开柏拉图的洞穴,是因为它假设的外在真理本身只是洞穴的一部分。哲学理念,这种能通过自身活动达到普遍认识的理性理念,只是历史世界地平线上的幻象。没有任何视野可以被理性认识证明是有效的,哲学只是个荒谬的理念。它想要用关于整全的知识替代有关整全的不可靠意见,但它自身却是基于一种有关存在的可认识性和持存性的不可靠的历史视野。因此,在施特劳斯看来,任务不是用另一种历史视野来应对这种历史视野,而是把握有关整全的源初视野。[1]

政治哲学在存在主义中没有空间。在胡塞尔意图放置科学基石的地方,海德格尔看到的是深渊——属人自由的深渊。在海德

---

[1] 《哲学与律法》,页24;《柏拉图式政治哲学研究》,页30-34;《存在主义》,页304。

格尔的视野中，人的命运就是被抛入一个他要么接受要么不接受的历史世界，他可以对它屈服，可以陷入悲观主义，也可以抱持一种无法得到证明的科学文明乐观主义，[70]抑或为自己构思一种新的视野。一切取决于人如何自我决断。希望回到古典理性，意味着在历史真理面前蒙蔽双眼。

海德格尔的观点接近尼采的视野，后者认为苏格拉底和柏拉图是理性自欺的开端，这种自欺导致了20世纪的堕落和危机。在洞见到人类命运的时刻，需要作出的救赎行动应该在此寻找：重返"前苏格拉底哲人"。施特劳斯强调尼采哲学中的宗教本质。在他看来，海德格尔与尼采一样，也意图凭借产生于自我精神的内在世界的诸神，来填充因理性的历史相对性所带来的真空；人们应该从自身，而不是从对生存而言外在的本质出发来理解生存（Existenz）。从危机中获得救赎，这取决于果断决定新的本真。施特劳斯似乎在说，纳粹同哲学的结合就在于此，海德格尔可能将这一结合理解为立足大地的运动，并认为精神的领导力在其中会成为可能。对正义生活的古典追问在这个语境中没有余地，尤其当人们抱持着由理性安排的自然观时，就更不可能。

从海德格尔的方案来看，争论善的理念和正义，探求并意欲借助论辩的手段——即通过给出理由——解决冲突，这些都毫无意义。相反，凭借权力意志让诸神进行统治则大有裨益。一旦人们服从于某种运动并对其产生依赖，比如依赖于被机械所包围的技术文明，这时，[71]人们就不会在能够阻止某事的妄想中争吵，而是会以镇定自若的态度转过身去。然而我们可以用施特劳斯的话做出回应："镇定"（Gelassenheit）并不能防止人被运动所裹挟或者屈从于它。

最初政治性的且由政治哲学"所发现"的历史，被存在主义的历史主义中立化，成为一种混杂了相对性和本真性的事物。被理解为极端历史性的生存，不应追问有关正义的问题，也不应争论棘手的唯一者（das Eine），因此，政治哲学也就不允许存在。在这样一种视野中——不仅人类行为构成了历史过程，而且引导和理解这一活动的理性亦是历史性的——人们无法想象亘古不变、与人类本性同在的根本性问题。视野本身，即引导任何认知的有关整全的视野，都变动不居，并且相互对立，如同古典哲学荒谬的理念和此在历史性的存在经验相互对应那样。

激进历史主义向哲学提出的挑战，是激发施特劳斯整个哲学活动的一个动力。与其说他关心的是与历史主义论辩，毋宁说是重拾有关根本性的争论，即古今之争。哲学在这种情况下被迫去客观检审对自己最为根本性的前提。因此，重返非历史性哲学的根本追问，并非为学院的或者历史的兴趣服务，而是服务于绝对的哲学必要性。施特劳斯质疑"历史经验"是否真如其自称的那样具有根本性。他赋予有关对错的朴素经验——[72]它们是自然正当的哲学命题的基础——的显明性与所谓历史经验平等的地位：

> 所有政治哲人都被迫思考，正义的诸多要求的基础是否以及在何种程度上不取决于人类的支配。

人们对永恒当下的道德问题的朴素体验，可能受历史主义的影响而变得模糊不清，但是历史主义不可能消灭这一问题。"重返"古典的自然正当，首先是为了证明一些根本性问题（比如有关正义的问题）仍是清晰可辨的。在这里，"属人思想就已经从其历史局限中解脱出来了"。施特劳斯拿来与激进历史主义抗衡的，并非抽象的"哲学理念"，而毋宁说是苏格拉底意义上从实践上对哲学的辩护。

总体而言，他的作品追问"我应该如何生活？"和"为何要哲学？"这样的问题，它在发掘人的天性中与生俱来的基本的二选方案。

与胡塞尔或者海德格尔一样，施特劳斯也在寻找现代文明家园得以矗立的根基。但这一根基并不寓于属人"文化"结成的茧中，亦不在感官知觉抑或貌似终极的"历史经验"中。属人"文化"无法为自己提供根基。相反，必须在古典政治哲学真正开始建造的地方，即在人与自然的切点上寻找它的根基。在历史主义面前为政治哲学的可能性进行辩护，这体现为哲学活动，它在内容上以"解构"哲学为目标。在此意义上，施特劳斯作品中主要的政治哲学阐释，总体来说可以视为对历史主义做出的批判。也许，[73]施特劳斯明确指出的必要性——即倘若哲学和次于它的自然正当想要以正当的认知诉求出现在人们面前，那就有必要客观审视哲学最基础的前提——必须同他本人的作品联系起来看。他对古典哲学的研究，乃是历史主义与非历史性的哲学之间冲突的一部分，后者最纯粹的形式就是古典哲学。①

历史主义与实证主义在争取20世纪意识主导权的斗争中互为对手。它们各自与尼采的关系也截然不同，二者从尼采的视野中得出了迥异的结论。两个思想流派至为清晰地凸显出现代社会学的根本问题，该问题的本质是：现代社会学没有能力"清晰且确定地解释自身的根基"。当一门科学无法用自己的手段为自身的可能性和必要性辩护，而只是基于教条性的前提时，整个这门科学的理念就都成问题。施特劳斯与教条性的现代科学进行哲学论争，目的是为具有自我辩护能力的哲学留下防御的可能性。对历史主义的批判，和与实证主义的对抗，二者在内涵上不同。在反对历

---

① 《自然正当与历史》，页288；《哲学与律法》，页24。

史主义时,要做的是揭示哲学的大全视野并为之辩护,即提示出有不变的基本问题存在,而且人有能力理解这些问题。

但是,哲学的可能性只是自然正当的必要不充分条件。

此外,自然正当若要成为可能,就要求人可以凭借属人理性来解决永恒的基本问题。[74]这正是实证主义所竭力反对的,实证主义认为只有事实问题(Tatsachenfragen)才能通过科学或理性得到解决,但在政治基本问题上重要的不是事实,而是价值决断,或者对好与坏的二选方案的权衡。在属人理性的法庭面前,只能探讨哪些手段服务于特定目的,而不能探讨哪些目的相较于另一些目的更为可取,因为所有目的对于理性而言在价值上都相等。实证主义对事实与价值的区分造成了严重的政治后果。否认理性可能区分正当和非正当目的,这直接导致了否认共同财富(Gemeingut)。但是,倘若没有了共同财富这一前提,那么,任何社会都无法被视为一个有行动力的整体,而只会是某种活跃着个人和组织的联营,或者是个体行为的结果。市民社会——它的定义处于政府行为之上——最终只能被看作社会的派生物。相应地,这一后果也适用于政治学:它成了社会学的附庸。

在施特劳斯看来,如果政治哲学无法给出基本的解决方案,"无法回答明智行为的最终目标",那么,它就没有任何意义,"就不得不把关键的决断交给盲目选择"。这意味着最终将所有行动都视作非理性的行为,然而,自柏拉图至黑格尔的整个传统都驳斥了这一点。在同实证主义的论战中,施特劳斯选择了韦伯作为对手,他认为韦伯最为集中地探讨了社会科学的基本问题。在阐述韦伯的立场时,[75]重要的是该立场在政治科学给出解决方法的能力方面的哲学意义。①

在施特劳斯看来，社会学中的实证主义在19世纪的最后十年借由一条律令达到了其最终的形式。这条律令宣称事实与价值之间存在根本性的差异，科学只能做事实判断，而不能做价值判断。韦伯的"哲学方法论"最具代表性地表达了这一立场，他给青年施特劳斯留下了强烈的印象，并被施特劳斯视为"科学精神的化身"。至少直到施特劳斯遇到海德格尔，才使得韦伯在施特劳斯看来显得像个"弃儿"。不过，这几乎没有影响施特劳斯对韦伯伟大事业的崇敬之情——

> 即便有这样那样的谬误，他仍然是本世纪最为伟大的社会学家。

施特劳斯对韦伯的崇敬之所以一以贯之，主要是因为在他看来韦伯充分地掌握了广阔的视野和自主性，不至于在社会学实践中如其理论所要求的那样行事。施特劳斯在《自然正当与历史》中专辟一章讨论韦伯，在《什么是政治哲学？》的一段批判实证主义的讨论中，韦伯也一直是个参照点。韦伯之所以成为"批判分析"的对象，是因为他对事实与价值判断的区分恰恰表达了自然正当所拒绝的立场，该区分使政治哲学的理性证成变得不可能。自然正当的思想乃是基于如下观点，即政治的基本问题能够得到最终解答，且政治哲学凭借属人理性能够找到这一答案。与之相反，价值无涉的现代社会学则认为，

---

① 《自然正当与历史》，页37、74–77；《什么是政治哲学》，页18；《苏格拉底和政治学问的起源》，页133及以下。

［76］存在多种多样相互矛盾、无法证明何者更为优越的不变的权利和德性原则。

因而，与激进历史主义不同，现代社会学完全承认根本性的、经久不变的其他方案的存在，但否认能够凭借科学手段来解决这些方案之间的冲突。于是，剩下的只是大量相互排斥的原则，它们彼此都使对方变得不重要，因为人们无法客观地决定它们中哪一个更好。故而，自然正当不得不被抛弃，因为它包含了价值判断。自然正当学说的前提是，基本的政治解决方案的冲突可以得到解决。然而，凭借现代社会学的方法并不能得出这样的答案，因此，现代社会学拒绝了非科学性的自然正当说。为了呈现自然正当的可能性，施特劳斯认为有必要清晰地揭示韦伯的立场如何攻击自然正当，有必要阐明韦伯的理由并让它们面对科学的要求。①

施特劳斯所挂心的，并不是在首先应当理解韦伯的地方却用三言两语去驳斥他。他认为自己的论证过程应该让人们看到现代社会学的症结何在，因为没有人像韦伯那样集中并且用开阔的视野去研究现代社会学的根本问题。因此，《自然正当与历史》中的讨论有所克制，它把自己理解为对韦伯视角的"批判分析"。施特劳斯竭力在不断的重复中表达韦伯的立场，从而进入其核心。他必须揭示，为何自己的表述是恰切的，为何韦伯对自然正当的批判的核心就寓于这样的表述中。施特劳斯的如此表述还包括他将韦伯从历史主义中剥离出来——尽管韦伯自视为"历史学派"的子嗣。

---

① 《自然正当与历史》，页18、37及以下、54、79；《哲学与律法》，页23及以下；《重生》，页19；《什么是政治哲学》，页21-23；《存在主义》，页304。

[77] 施特劳斯认为，韦伯立场的关键性特征在于对永恒价值的认可。不过，韦伯并没有解释他所理解的"价值"何谓，以至于我们几乎只能说，价值既能指称优先选择的对象，亦能指称优先选择的原则。否定意义上，韦伯立场尤为突出的是价值与事实绝对的异质性。施特劳斯接着论述道，对于韦伯而言，社会学价值无涉的根基并非实然和应然的不对等，而是人不可能真正认识应然存在（das Seinsollende）。在韦伯看来，并不存在真正的价值体系，相反，他认为存在大量无法和解的价值，它们之间的冲突无法凭借属人理性的手段得到解决。施特劳斯认为，韦伯的观点最后导致了典型的虚无主义后果，即导致了如下认识：

> 理性在选择恶、卑鄙、愚蠢或是选择这些的对立面上无能为力。

不只如此，施特劳斯还更细致地将韦伯的立场描述为"高尚的虚无主义"；或者从视角来看，施特劳斯后退了一步。施特劳斯就此给出了客观的理由：韦伯的虚无主义并不是建基于对一切高尚事物源初的漠然，而是基于一种认识，即他自认为认识到了——或者他的确认识到了——所有被视为"高尚的"事物的无根性特点。除了韦伯的虚无主义的实际内涵之外，一种体系的必要性也点明了这个诀窍。施特劳斯要让人们清楚，他与韦伯的相遇不只局限于方法论框架——这可能是韦伯自行设置的框架。这个说法在主要的阐释学原则的意义上是可信的，因为韦伯本人在实践中逾越了这一框架。施特劳斯通过指出韦伯的虚无主义是"高尚的"，做出了一个价值判断，由此，[78] 他自己就脱离了虚无主义的土地。他之所以不采用实证主义方法论的条件，是因为只有从拉开距离、批判的立场出发，才能恰切地分析某个参照系统及其前提。他以这种开放的和实践的方式表明，自己的批判是站在某种科学的土地上，这种科学要求能够应对价值判断。现代社会科学是一门此世的科学，它追求"有关属人生活的属人知识"，并且寻求理性地解决社会问题。从启示宗教的视角来看，属人的答案值得怀疑，但是社会科学对此只能置之不理，因为这些社会问题的前提是不受指引的理性所无法涉足的。启示不仅超出属人理性，同时还规定了它的界限，而且，"当社会科学的真正洞见在启示的基础上受到质疑时"，它的认知能力也受到否定。

韦伯得出的结论是这样一种信念：基于启示信仰的无可辩驳，此世科学的前提也可以建立在一种对非信仰的正当性的信念之上。科学能够获得凭借属人理性所能认知的事物，但是无法借助同一手段回答"追寻可认知的真理是好的，抑或信仰的生活更佳？"这样的问题。实证主义将科学局限在为既存目的提供手段；同时，与时至今日仍有分歧的信念（即对真理的追寻本身是有价值的）相结合，实证主义承认，

> 人们做出的选择不再具有好的或者充分的理由。因此，人们认同这样的原则，[79] 即偏好也不需要任何好的或者充分的理由。

在施特劳斯看来，韦伯的方案遵循的是一种道德动机，它终究由价值论而非逻辑学或者方法论观点所决定。韦伯选择了对人类处境和问题的清晰认识，选择了可由自我认知获得的自由，即便它具有局限性。韦伯拒绝献上"智性的牺牲"为祭品，但同样，他也拒绝赋予属人真理以普遍性。这正是韦伯难敌历史影响的地

方。韦伯所认为的人之处境，也许是指当下之人及其不抱幻想的观念之处境，这种观念是特殊的、有历史局限的，迟早也会被另外的时代所超越。

> 脱离幻想的要求不多不少正如诸宗教那样的幻想，它们在过去占主导，并且在将来仍将占主导。我们之所以不信，是因为命运迫使我们，而非其他原因。而韦伯拒绝献上智性的牺牲为祭品：他一方面对现代的、此世的非宗教试验不抱希望，另一方面又钟情这样的试验，因为他的命运便是信仰他自己所理解的科学。他无法解决这一冲突，其结果就是坚信诸价值的冲突无法通过属人的智性得到解决。

如韦伯所看到的那样，人的处境是悲剧性的。[1]

韦伯的伟大在于，他认识到了现代社会科学的根本困境，并公开承认自己对属人理性力量的信仰。而施特劳斯的伟大则在于，他对现代理性主义自我毁灭的悲剧命运深感不安，[80]并为了真正的属人生活之故，直面彻底追问的挑战。不过，与在韦伯那里不同，在施特劳斯这里，困境并非论证的终点，而是起点。

施特劳斯认识到，若要反思现代社会科学的前提，就必须采取不同于其方法论前提的立场，并从现代方案的哲学意图出发重新讨论这一方案，因为，方法论实证主义是哲学自近代早期以来重新定位所带来的衍生品。这一思想隐含地表达出，只有基于政治哲学，才能成功避开现代社会科学的危机。现代科学困境所暴

---

[1] 《文集》卷一，页15、417；《自然正当与历史》，页38、39-50、63、73-76；《重生》，页269及以下；《什么是政治哲学》，页18。

露的根本问题是个哲学问题，若要严肃对待它，就必须用哲学方式来处理。由此，对政治哲学的可能性和必要性的追问，已在某种意义上得到了回答。对于这样一种社会科学而言——其自身理解不同于教条主义和因循主义的自我理解——政治哲学必不可少。由于对实证主义的细节性批判不再那么关键，这里只需简单提及施特劳斯特别强调的几个重点。

首先，施特劳斯反思了彻底价值中立的科学不能回答有关善恶的问题这个结论所引发的实践后果。既然偏好在原则上值得怀疑，那么人们既可以因同样的理由和理性去热爱这门科学，也可视之为干扰性或颠覆性的从而压制它。社会科学家在为自身行为辩护的同时，不可避免地要做出价值判断，大多数社会科学家都选择了爱正派、[81]真理以及民主制。但由于他们无法借助自身的科学手段说明自己如何做出这一抉择，因此就只能如此猜测：他们遵循的是社会习俗（Konvention）。故而，实证主义的社会科学明显更青睐因循主义和附庸风雅，而非虚无主义。

紧接着，施特劳斯与科学理论的理据展开激辩，后者表明了严格价值无涉的社会科学何以是不可能的：之所以不可能，一方面是个语言问题，因为现代社会科学的语言包含了太多隐含的价值判断；另一方面，这也是个界定并恰切地理解社会以及政治事物的问题，这些事物因其特点而无法按照逻辑且描述性地得到把握。施特劳斯赋予认识论批判和科学理论批判以同等的地位。的确，人无法借助属人理性的手段来解决价值冲突，这一点还从来没有得到"证明"。这实际上会使得具有《纯粹理性批判》般重要性的措施变得不可或缺，但这样的措施在现代社会科学中哪怕一丁点踪迹也看不到。只要认识论问题尚未得到解决，人们就不能通过价值论的因循主义，把目光转移到真正重要的问题上来。

施特劳斯对实证主义的批判十分类似于他对朴素历史主义的批判。他甚至指出实证主义如何突转为历史主义，他还把论辩当作云梯，人可借此抵达激进历史主义的层面，后者是唯一可与政治哲学相匹敌的挑战。激进历史主义得出的结论是"历史经验"前提下的产物，而这种经验来自残缺的实证主义。激进历史主义否认事实和价值的区分，[82]否定现代科学的权威品质，而且拒绝视历史进程为受理性操控的进步，最后，它还否认进化论的意义。而在政治哲学面前，激进历史主义本身的缺陷在于，它不追问何为真正好的社会，因为在它看来，人类思想和人类社会本质上都是历史性的。然而，1933年的事件却表明，

> 人不能放弃对好社会的追问，也无法向历史或者向自己理性之外的某个强权妥协，以便摆脱回答这一追问的责任。

在强调过韦伯的地位之后，施特劳斯继而用一小段话给出了进入根本问题的新路径，他在那里没有任何对韦伯的暗示，也没有倚借任何现代方法论范式下的术语。他提出一种来自哲学视野的全新表述，其最终结论所提出的困境比韦伯看到的更深。韦伯在承认悲惨的历史命运的同时拒绝献上"智性的牺牲"为祭品，而人们现在却看到，

> 科学或哲学反感以智性作祭品，然而这恰恰就是科学或者哲学的根基。

在这一论断之后，施特劳斯探索了结束《自然正当与历史》中"韦伯"一章的某种新基础，他的方式是"从可怕的深渊重返

表面",这个表面虽然乍一看不那么显眼,却暗示出可以解决困境的方向。施特劳斯再次抛出科学研究与现实关系的问题,霍布斯和卢梭也以某种方式暗示过这一问题,同时它也是胡塞尔和海德格尔的出发点。[83] 科学是对自然的现实理解的变型(Transformation),

> 因此,倘若没有预先分析过现实本身是怎样的(即在它由科学促成转变之前),要澄清科学的意义就不可能。

新康德主义在异质的延续性中,在无结构、无意义、混乱的原子式事件的过程中寻找科学的素材,韦伯就身处这样一种新康德主义传统。对现实的这种看法,基于需要被重新理解的、发生了质变的自然理解,如此一来,科学理解就不得不放弃成为"对人的属人经验的反思"。为混乱—抽象的一系列事件中的科学"素材"定位,是悠久的建构主义传统的结果,然而,该传统再也无法认识到自身的前提。这个结果与一切属人的自我经验相矛盾,因为,作为关于世界的自然的和前科学的经验,自我经验必须是有说服力的社会科学的出发点,后者将科学理解视为对自然理解的完善。

> 因为自然理解是科学理解的前提,所以,在分析科学和世界之前必须分析自然理解、自然世界或者常识(common sense)的世界。我们所生活并在其中活动的自然世界,并不是理论态度的对象或者产物,它并不是我们不动心地去审视的纯粹对象的世界,而是我们与其"事物"或"事务"交际的世界。

然而，我们今时今日的日常世界深受现代技术和文明影响，完全是现代科学意识的产物。故而，[84]为了能够领会彻底前科学的世界，有必要重返科学的开端，对现实的源初自然理解正是在这一开端中得到了反思和扬弃。现代社会科学的困境要求我们重返古典政治哲学。①

---

① 《文集》卷一，页65及以下；《古今自由主义》，页262及以下，页270；《自然正当与历史》，页18及以下，页49、77-82，页179及以下（脚注9），页280；《论僭政》，页34；《迫害与写作艺术》，页156及以下；《重生》，页19；《什么是政治哲学》，页18-27；《存在主义》，页305；《苏格拉底和政治学问的起源》，页136。

## 三　政治与政治哲学

### 1　政治的概念

[85] 政治哲学不仅面临来自"历史"和"科学"的威胁、面临神学对其必然性的否定，它似乎也无法再发现政治，后者在现代自由主义的中立化趋势中已被遗忘殆尽。施米特用自己的政治立场对抗自由主义对政治的否定——施特劳斯在对施米特的哲学批判中重新开启了通往政治的路径，这并非偶然。施特劳斯早期有一篇非凡的短文，对于理解他的政治概念及他的整个哲学方案的取向具有独特意义，其中隐含了对施米特的批判。

此文就是施特劳斯1932年发表的《施米特〈政治的概念〉评注》。该文标志着施特劳斯哲学的一次突破。在《斯宾诺莎的宗教批判》的英文版前言中，走在人生边上的施特劳斯再次提及这篇早期文章的重要性。他说，《斯宾诺莎的宗教批判》所基于的前提仍然是近乎强烈的偏见，即认为重返前现代哲学是不可能的，但《评注》中首次表达了他对这种经不起推敲的信念的背离。[86] 重返前现代思想而今对他而言不再是不可能的，相反，是不可回避的。而施米特对自由主义的批判仍然停留在自由主义思想的体系之内，此即施特劳斯对他提出异议的核心所在。

施特劳斯认为，一种可以接受的对政治的承认，还需要用其他体系来代替自由主义思想体系。若要能够识别自由主义思想被遮蔽的前提，就有必要"获得超越自由主义的视野"。施特劳斯志在重新获取那种前现代的视野，霍布斯曾在该视野内为自由主义奠定了根基。这就是苏格拉底问题和古典自然正当思想的视野。探寻这一视野，一方面意味着把施米特对自由主义的批判推向彻底并在哲学上加以完善，另一方面也意味着重新理解政治和政治哲学。①

"现代精神在其中取得最大影响的运动"，自由主义，并不是挑战本身，它只是现代宏伟蓝图的部分现象——现代在施米特那里被称作"中立化和去政治化的时代"。属人生活的去政治化"不仅仅是现代发展之偶然或者必然的结果，也是其源初和根本的目的"。施特劳斯强调，所谓现代自由主义对生活的去政治化和中立化，并不意味着今时今日政治更少，或者人与人之间的争论更少。20世纪自由民主制中争论的主题以及这些争论所倚借的手段，才是与传统大论争的根本性不同。

[87] 人们关心的是他们所看为决定性的事物。简单来说，这在16世纪表现为神学，在17世纪表现为形而上学，在18世纪表现为道德，在19世纪表现为经济，而在20世纪则表现为技术。现代方案的意图正体现在这一趋势中，上述决定性领域的先后顺序遵循的就是该趋势，它的走向是逐渐彻底地将属人的冲突中立化。属人生活的基本目的显得不再重要，重要的是理解实现个人目的的手段。人们尝试获取这样一块土地，它无论如何都可以使人身安全、有方法论保证的显明、相互谅解以及和平成为可能。

当然，寻求社会的和平与伊壁鸠鲁哲学中探寻灵魂的平和同样正当，尤其当关于正确生活方式的冲突不是外化为思考者之间

---

① 《施米特〈政治的概念〉评注》，页101、125；《文集》卷一，页54。

的冲突（即凭借辩论手段展开的冲突），而是演变为诉诸暴力的两种权力诉求之间的斗争时，这种寻求甚至是必要的。只不过问题在于，当正当且必要地争取"不计一切代价"的和平取得成功时，所丧失的又是什么。现代所理解的和平使得

> 文明，以及对自然、尤其属人自然［本性］的征服及改善，都因此而成为必然。

使基本问题以及与之相关的替代方案和冲突彻底消失，会导致人片面局限于外在利益，如安全和富足。一旦在此意义上从其诸前提所理解的现代自由主义，在核心上威胁到人之人性，古典哲学的自由性便成为现代的批判准绳。历史经验让人们看到自由主义去政治化和中立化的危险性。

[88] 关于何为属人生活的基本目的，原本有不可消除的冲突，一旦这种冲突隐没，致使理性检验的目标被抽离，非理性的目标便会以命运、民族以及盲目决断之名粉墨登场。第一次世界大战之后的1932年，施特劳斯在思想重新定位的视野中写成了这篇《评注》。德意志摇摇欲坠的自由民主制的没落很快就证实了他的批判，而当时的人们却并不能预见这一点。施米特在魏玛民国的思想氛围中看到了这种关联，这为施特劳斯对其诊断表现出兴趣提供了理由，同时也激发了施特劳斯以政治哲学之名来反驳施米特提供的选择。

在施米特看来，

> 独特的政治区分……是划分敌友。

施米特以此将政治定位在一种属人状态中——不过是用典型的区分——霍布斯称其为"自然状态",并将之定义为人与人之间潜在的战争秉性。与此同时,霍布斯还把文明理想与自然状态对立,他的文明即便不能给两个国族之间带来和平,也会给国族内部的人们带来和平。霍布斯的自然状态方案中已经蕴含着对该状态的否定。他对自由主义的论证是反对源初人类状态的非自由主义天性,或者说总体上反对人的政治天性。对政治的否定符合文明的立场。

至此,我们可以说,施特劳斯对施米特立场的表述同时也可以视为对他自身立场的表述。当施米特面对自己的前提犹疑不定且还未认清霍布斯就是自己的对手之时,[89]施特劳斯已通过不断追问,将施米特甩在身后。因为,究竟霍布斯是否恰切地按照自然状态(Status naturalis)描述了自然状态(Naturzustand)的结构,似乎完全是成问题的。为了弄清这一点,施特劳斯必须转向霍布斯,查明他反对什么以及他对古典政治哲学做出了哪些改变。

> 只有基于对霍布斯的恰切理解,彻底批判自由主义才是可能的。①

自由主义的文化概念处于施米特自由主义批判的中心位置。施米特有意识地为自己确立的任务是,确定政治的独特性。这样一种对政治的定义首先需要标明其上位概念。自由主义思想体系

---

① 《施米特〈政治的概念〉评注》,页100、104,页119及以下,页125;《文集》卷一,页81及以下,页93及以下,页409;《哲学与律法》,页25;《重生》,页260。

对此最接近的回答是，这一上位概念（政治也包含其中）即"文化"。于是，政治本身成了文化的一隅，一种与其他领域（诸如道德、审美、经济）并列的属人思想和行为的自律领域。施米特和施特劳斯都认为这种定义不妥，因为它否认了政治的根本性，为属人生活的去政治化预备了土壤。

对文化概念的批判显得愈发必要，不过，施特劳斯的文化批判比起施米特的要更为坚定彻底。施特劳斯将如下问题悬置起来，即"严格来讲，我们究竟是否可以提出一种不同于现代的文化概念"。现代的文化理解不仅将属人思想和行为的各个领域的相互关系理解为自律的和独立的，还把整个"文化"视为人类思想的"自主创造"。现代思想的人本中心论走得太远，以至于不仅将"文化"，而且将人自身都视作属人思想的产物。[90]除开一些基本的生物学和心理学模式之外，所有先于属人欲求和行为的形式都被否定掉。是人自己使自身成为自己所是的样子。人纯粹的人性是努力得来的。将此种意义上的政治理解为一种文化现象，就意味着将政治看作自由的产物，看作人类思想的"发明"，如同近代国家表现为机械理性的自主结构那样。如此也就意味着相较于其他文化现象而言，政治只具有同样有限的有效性，它们本身都不得不放弃普遍性的主张。

与此相反，施特劳斯称，"政治的事实"就像宗教，是某种"源初的事实"，是一切"文化"之上的超验性事实。宗教，就其自身理解而言，不能理解为属人思想"自发的生产"，因为对于人类而言，作为启示宗教的宗教是既成的，即它是一种被给定的律法。因为它根据自身理解，对有关正义生活方式的追问做出了决定性的和普遍有效的回答，所以，它不可能满足于作为一种文化现象的地位。于是，宗教的普遍诉求就具有了双重意义：对真理的普遍诉求和对上帝律法的顺从。同样，政治的源初事实亦非属人思想的衍生物，作为事实，它与人的天性一样都是既成的。因此，政治与宗教是总的"文化哲学的困难"。通过赋予政治的源初性以效力，施特劳斯超越了主流观点——

[91] 这种观点让人忘记了"文化"总是以某种教化为前提：文化总是对自然的教化（Kultur der Natur）。这种说法首先意味着，文化是对自然倾向的提高，是对自然的精心化育——至于是自然土壤还是人类精神则无关紧要。因此，文化要遵循自然本身所给的提示。但是，这种说法也可以指通过顺应自然而征服自然（用培根的话说，即 parendo vincere）。如此一来，与其说文化是对自然的忠实化育（Rflege der Natur），不如说文化是粗暴而狡狯的反抗自然的斗争。把文化看作化育自然，还是看作与自然斗争，取决于如何理解自然：是把自然理解为供人效法的秩序，还是理解为需要消除的无序。但是，无论如何理解文化，"文化"终归是对自然的教化。既然"文化"成为对自然的教化，那么只有假定对自然的教化已经变得与精神对立，并且已经被遗忘时，文化方可被理解为独立自主的精神创造。而因为我们现在理解的"文化"首先是对属人自然的教化，所以文化的前提便首先是属人自然；又因为人在天性上是社会动物（animal sociale），所以文化建立其上的属人天性就是人与人天然的社会关系，即某个人先于一切文化而对其他人的行为方式。以此方式所理解的自然的社会关系术语就是**自然状态**（status naturalis）。所以，人们可以说：文化的根基就是自然状态。

这段文字指出了古典和现代政治哲学的分野，暗示了施特劳斯的政治观所属的视域，也暗示了他的政治哲学方案。他对文化概念的批判，焦点在于谴责现代理性主义遗忘了自身的根基。现代政治的非人性（Unmenschlichkeit）要归咎于现代文化对自然的遗忘。霍布斯想借助文明状态来否定 status naturalis［自然状态］，[92]这隐含着为了非政治的个体主义之故而否定人的社会和政治天性，从而隐含着放弃视自然为典范秩序的古典理解，以及意图征服自然时这样一种于自然的态度变化。文明理想曾是人类面对强大自然的自我捍卫，胸怀该理想的霍布斯还能完全清醒认识到它所针对的是什么，然而，他借助文明理想所推动的东西，在不断进步的启蒙运动中发展成了"更高"的文化理想。

现代自由主义的危险在于，它"迷困在文化世界"中，已经遗忘了"处于危险和威胁之中的属人自然"。而施特劳斯（至少看起来如此）则将体现出政治的基本敌友抉择拔高到完全不同的层面。这一抉择不应该被置于一种始终需要解释的自然状态之中，毋宁说，这种抉择存在于"文化"（即一切属人思想和行为）与自然的关系之中。关键的政治问题就是：人与自然的关系是怎样的，人是友好地对待并塑造自然，抑或视自然为敌人而与之斗争。这是一次明确的重估，它为政治的概念带来了相应后果。Status naturalis［自然状态］由此得到积极的重新解释：它并不是霍布斯以及追随霍布斯的自由主义传统所否定的具有威胁性的事物，也不是如施米特所称的属人命运的战场，相反，它定义了人类共同生活的典范秩序，该秩序先于任何"文化"。

在施特劳斯看来，政治的立场需要一种自然的立场，人们可以通过重返前现代传统来重获这一立场。有一种说法认为，严格来讲，人们所说的文化概念仅仅是现代的而非其他。[93]这一说法暗示出，前现代只不过是维护性地顺从自然，在其文化的形成过程中完全没有脱离自然的立场。这一说法促使施特劳斯思考了后世的自然正当。[古典]政治哲学表达了一些自然本身所给出的指示，而现代政治哲学则几近于"革自然的命"，这场革命使得"尤其是政治行动"和"生死较量"成为必然。这样一来就很容易理解为何施特劳斯在理论的重新定位中使用了政治术语：人与自然的关系乃是基本的政治关系。①

然而，对于理解政治而言，上述那段《评注》文字的意义仍然不很清楚。首先，通过批判现代思想，施特劳斯将政治理解为文化现象，指出政治与文化的相互关联性。因为现代人对自然的敌对态度导致了文化理念的形成，即走向错误的方向，所以，很明显，政治还包括认可理性政治状态中的属人自然，并将自然本身理解为可以效法的秩序，并且相应地使二者处于一种维护性的关系之中。继而，施特劳斯就可以在古典哲学的范围内探寻一个清晰的政治意涵，因为古典哲学首先认识到政治的意义，并为政治哲学奠立了根基。

古典哲学关键性的认识包括如下洞见：政治不能作为某个种类而被归到一个广涵的属类中。政治自成一类（sui generis），它在本质上与任何其他存在者的纲目都不同，既不能化约为如"文化"这样的非政治事物，也不能成为亚政治事物的派生物。[94]人之天性与政治的源初关联便根植于其中。人自身就是自成一类的生物，一种有着独特个人尊严的生物。在古人看来，人的独特尊严在于，

---

① 《施米特〈政治的概念〉评注》，页102–106、109；《文集》卷一，页52；《哲学与律法》，页24及以下，页31及以下，页48；《重生》，页244及以下；《我们为什么仍然是犹太人？》，页52。

他既可以拥有自尊,也可以感受到自贱,因为他可以意识到自己应该如何生活。面对人应该如何生活这一问题,就出现了道德与——作为独特政治现象的——律法、人之尊严与公共秩序之尊严之间必然的相互关联。人与政治都是自成一类的,这一观点按照二者的自我理解,在现代政治学还原论的基础面前为二者辩护。

现代政治学无法理解本质性的区别,相反,它只理解次级的差别。因此,它试图从形成过程及其条件出发来理解一切。它从次人性的概念来理解人,从次理性的概念来理解理性,从次政治的概念来理解政治。与之相反,那种认为政治自成一类的立场则反对低级事物占有高级事物,并捍卫更高的事物。如同人性与非人性、人兽神之间存在本质性的区别,政治与次政治——以及超政治(Suprapolitisch)——之间也存在不可消除的差别。①

通过表达这一思想,施特劳斯同时也造成了一些其他影响。他一边提醒现代的自由主义文化理解和与之相关的政治哲学,应注意"自然"这个被现代思想遗忘的前提,一边也将自然与其他一些源初事实对立起来,这些事实成为文化哲学的困难。[95]倘若自然与精神这个二元论会消解,那么,自然和与之相关的属人精神就会陷入与"政治"和"宗教"的竞争。倘若施特劳斯凭借古典政治哲学,继续将人依其天性理解为政治动物,倘若人之天性因此是政治的存在根据,那么,最初从属于自然和精神领域的政治性,与另外的事实——即"政治"和"宗教"——之间就出现了分歧。那么,断定政治性(das Politische)和"政治"(Politik)之间不相容,意味着什么?对于人而言,政治就成了一个问题。显然,施特劳斯的意图在于,把这个问题作为问题本身

---

① 《古今自由主义》,页207;《重生》,页142及以下。

抛出，它既无法通过"政治"，即通过要求人们顺从预设的社会秩序之法律，也无法通过"宗教"，即通过要求人们顺从启示的神性律法来得到解决。施特劳斯要求为自然和精神领域找到政治问题的"答案"。但是，何为政治问题？

有关人之天性的争论，为否定政治与坚持政治这两种立场之间的对立提供了基础。该问题争论的核心是人究竟是善的还是恶的。谁如果把原始状态的人视为完美和善良的，政治对他来说就不会是基本事实。人本善的论调要么导致无政府主义，要么导致期待超政治的救恩事件把人从堕落于恶的结局中解救出来。该论调也会导致人们走向非政治的分离，个体在这种分离中试图为自己重建源初天性的善。关于人的源初状态是完善还是不完善的——[96]鉴于人当下的不完善——看法，标志着视政治为派生性还是自然性的分野，以及神学与哲学之间的分野。

同哲学一样，政治事实的源初性也以人天性的不完善和恶为前提。关键是人们如何理解"恶"："视其为人性的卑劣抑或动物性的力量"。将人性的恶视为动物性的力量，这是自由主义根基的一部分，就如伊壁鸠鲁主义者非政治的享乐主义所主张的"动物性"（Animalismus）。人只会在表面上是"恶的"，如同说受饥饿和求生欲所折磨的动物是"恶"的那样。自由主义的前提是：人的恶是无辜的恶，他无须为此担负任何责任。在施特劳斯看来，霍布斯必须否认原罪，

> 因为他并不承认人首要的、优先于任何作为正当诉求之诉求的责任，因为他将人理解为脱离自然的，即无责任的。

现代国家的社会契约论的理据，不能接受任何实在的、不受

制于契约伙伴普遍赞同的规定。这样一种只在事后认可责任——而这种责任早已寓于人之天性——的契约意义何在？自由主义在道德领域同样业已设下中立性的前提，并在其自身的历史发展中将这种中立性推向高潮。视恶为无辜之恶，将最终导致消解"善"与"恶"的根本区分。道德中立的动物性力量中，蕴藏着一些令人惊叹并可视为善的东西。马基雅维利的德性概念表明，计算性的恶何以能被解释为爱国主义的"德能"（virtù）。[97] 政治最终随恶一道彻底消失了。恶意味着危险和欠缺，且表明了人的欲求，即统治欲——因而，对施特劳斯而言，任务在于，

> 扭转将属人之恶理解为动物性的因而也是无辜之恶的观念，并返回将属人之恶理解为道德性的卑劣这样的理解。
> 被揭示为统治欲的人的危险性，只能恰切地理解为道德性的卑劣。这样的卑劣，人们虽可以承认它，却不能肯定它。①

人们可以在道德问题的中立化中找寻现代自由主义中立化的内核。政治已不再从有关"我应该如何生活？"这类问题的争论中认识其根基。为了平息有关属人生活之目的的论争，"我应该如何生活？"的问题被逐出公共场合，进入私人领域——这便是意欲达到谅解和和平的绝对意志所必需付出的代价。放弃有关属人生活之目的的政治论争，意味着为了以安全为宗旨的市民性之故而放弃人性。

---

① 《施米特〈政治的概念〉评注》，页108及以下，页112，页116及以下；《文集》卷一，页80，页232及以下；《自然正当与历史》，页98-100、115-117，页122及以下；《关于马基雅维利的思考》，页254及以下。

不过，如果说，对于以某种手段实现已经确定的目的，人们在原则上总是能够达成一致，那么，对于目的本身人们却永远争吵不休：围绕什么是正义、什么是善，我们总是互相争吵，不但与别人吵，还与自己吵（柏拉图，《游叙弗伦》7B–D，《斐德若》263A）。所以，如果有人想不惜一切代价达成一致，那么除了彻底放弃正义问题转而只关心手段之外，别无办法。至此，我们就可以理解，现代欧洲一开始只是——为了避免围绕正确信仰的争吵——寻求中立性的基础本身，最终却信仰起技术来。只有以人生意义为代价达成了一致，不惜一切代价的一致才有可能，因为只有人们不再提出何为正义的问题时，这种一致才是可能的。不过，放弃这个问题，也就等于放弃为人。但是，如果有人严肃地提出何为正义这个问题，那么，鉴于这个问题导致的"一系列无法解决的难题"，必然会引发争端，而这场生死攸关的斗争，即政治——人类的敌友划分，就应当把自身的合法基础归因于何为正义这个严肃的问题。

政治才是人的自然生活方式。与之相关的问题是，应如何安排人与人之间自然的共同生活。敌友对立的局面可能会出现于有关正义秩序的论争之中。一旦人们将政治理解为这样一种局面，那么政治的合法基础（Rechtsgrund）就在于：人的问题是个严峻的问题。如果这一问题的严肃性得到认可，那么它又将对哲学造成什么样的后果？[①]

---

[①] 《施米特〈政治的概念〉评注》，页120及以下；《什么是政治哲学》，页17。

对于被理解为无辜的恶，现代人没有把它看作道德决断和与之相对应的责任需要解决的任务，而是通过技术性的行为训练来弥合救治，或者通过国家主权来加以平衡。只要"政治"问题仅限于保障外在财富，它就可以通过技术手段得到解决。现代人最初的意图是要建立市民（Bourgeois）的世界国家（Weltstaat），那里的生活舒适、有趣并且轻松，但是缺乏严肃的属人生活意义。在这样一种完全安全的国度中，人必然处于其自然可能性和能力的水平之下。[99]这个国度会"把人性约减为一种文化和消费上的伙伴关系"。

施特劳斯拒绝把人圈在安全和舒适之中，因为属人生活的意义只在于怀疑，在于精神上对真理和自我认知的不断探索。专注于舒适的世界国家就像是尼采所谓的末人的国度，它意味着哲学的终结。施特劳斯的哲学活动有一个政治动机。要能够成熟到从事哲学，必须首先从事政治的哲学活动。在此意义上，他对自由主义的批判并不是讨伐，而是他探索无可指摘的知识的一部分——"只有凭借返回源头，返回'完好的、未被污染的自然'，方可以获得"无可指摘的知识。①

## 2  什么是政治哲学？

"我应该如何生活？"这一问题是基本的属人问题。政治活动与个人活动一样，也包含了将善作为追求目标的考量。作为行为基础的善的意识，一开始具有意见的特点，作为意见本身，它

---

① 《施米特〈政治的概念〉评注》，页125；《论僭政》，页233。

总是受到质疑。意见自发地提请人们注意不再被提起的、但却可靠且可信的善的知识这一概念，这种知识引导着求真的行动。因此，在任何政治行为中，一种关于善、关于好生活以及关于作为完整政治财富的好社会的知识定位早已有其根据。"我应该如何生活？"这一问题的答案，与"为何要哲学？"以及"为何政治生活需要哲学？"等问题的答案紧密相关。[100]只要对正义生活和正义秩序的追问仍未由无可指摘的知识所决定，哲学无论对于任何个人还是社会而言都是必需的。

哲学的前提是多重的不完善：属人天性的不完善、属人社会的不完善以及属人知识的不完善。只要人不愿屈从于未经审视的政治或宗教权威，他自身源初并不完善这一自我认知就会提示他，必须只借助自身理性的手段去克服自身的不完善。对正义生活方式的实际追问一开始就是个政治问题，因为"生活"对于人来说首先意味着"共同生活"，也就是"政治地"生活。任何尝试回答此问题的尝试，都要求去考察政治事物的本性。于是，人就会来到作为实践学科的政治哲学的边缘，并被引向其他追问，"这些追问的目的不再是指导活动，而是单纯地理解事物本身"。①

从表面来看，政治哲学是哲学的一部分，是哲学中与此时此地的属人生活最为接近的那个部分。根据一个权且为之的定义，"政治-哲学"这个关联里的哲学因素，决定着研究政治的特殊方式方法，政治本身则预设了这种研究的对象和功能。政治哲学的对象是政治活动的最终目的，主题是人类对自由和统治两者间正

---

① 《自然正当与历史》，页99及以下；《论僭政》，页102及以下（脚注4）；《什么是政治哲学》，页10、34、92-94；《苏格拉底和政治学问的起源》，页131。

当关系的宏大追问。在施特劳斯看来,最为典型的政治追问是:如何能够使并非特许状的自由与并非压迫的秩序和解?

[101]据说,古代对这个令人压抑的问题的唯一回答是:教育,通过长期绝非轻松但永远充满欢乐地从事哲学研究所获得的教育。这个今时今日听起来有些陌生的古代回答表明,自由和统治"可作为幸福的因素或条件来追求",这一幸福的核心是属人的卓越。反过来,它也暗示出,

> 政治是属人的卓越在其中可以尽可能完全展现自身的场所,任何类型的卓越都以某种方式依赖于这个场所得体的教化。

并非所有人都能够在相同程度上企及人性的卓越,因此,为了行之有效,自由的天然局限就需要受到正当的国家强力的强制。因而,最为典型的政治问题,其核心就是何为公民这个问题。政治哲学的任务,就是为说明这一问题贡献一些对于政治生活而言显著的东西。不过,要给政治哲学下定义,先得理解哲学究竟是什么。①

施特劳斯的哲学概念径直、干脆地从对"哲学"一词直接的理解开始。他在与洛维特的通信中强调,[洛维特]"在这个关键点上不够质朴、简单"。②施特劳斯后来从基础性的开端出发,阐发

---

① 《城邦与人》,页45、239;《自然正当与历史》,页137及以下;《迫害与写作艺术》,页37;《重生》,页244及以下。

② [译按]见施特劳斯,《回归古典政治哲学:施特劳斯通信集》(重订本),朱雁冰、何鸿藻译,华夏出版社,2017,页332。

出一种高要求的哲学概念，它是宇宙论、哲学探究性（zetetisch）的基本结构、哲学作为生活方式的特质及其政治维度等问题在四个阶段的表达。

根据纯粹的字面义来看，哲学是爱智慧。哲学的目标是智慧或者关于一切存在者的学问。[102]哲人追求有关整全的普遍知识，并且试图用有关整全的知识取代关于整全的意见。问题在于，如何才能认识整全？恰当的宇宙论是怎样的？

> 表述宇宙论的问题，就意味着对如下问题的回答：哲学是什么？或者哲人是什么？

在这一问题上，施特劳斯赞同苏格拉底，并证明苏格拉底在对万事万物的理解上迥异于前苏格拉底哲人。苏格拉底并没有试图按照因果关系从原因中推导出整全，并没有寻求一种可能将混沌变为宇宙的机制。苏格拉底通过思考"每个个体的存在者是什么"来探寻有关整全的知识。为了认识万事万物的本质形象，即认识"本相"（Ideen），苏格拉底询问"这是什么""那是什么"。"整全"是对"所有事物"的指称——无论是属神的、属人的抑或自然的。人们可以根据某些自然共性，把"所有事物"分组或者分级，它们在本质上都是整全的不同部分。对苏格拉底式"什么是？"问题的回答，表述的是一个级别或者一个"门类"的事物的特性，这些事物在本性上属于一个整体或者形成一个自然的分组。"整全"就是"诸自然"的整体。

于古人，哲学是有关自然的知识。他们重要的功绩在于发现了自然。只有哲学才能发现自然，反过来说，只有作为对自然的发现，哲学才能产生。施特劳斯曾说，第一位哲人是第一个发现自然的人，整个哲学史叙述的只不过是不断尝试完全理解本已寓于自然中的发现。因此，虽然哲学早于政治哲学，[103]但是在哲学和哲人与自然的关系中早已暗植了政治的维度。

整全是部分所属的整体，但也不止于此，它还超逾一切存在者。整全还包括对部分的自然划分，部分之间的关系，以及诸部分所寓于其中的明显的秩序关联。把理解整全视为对其所有部分的理解，就为存在者领域进行了划分和区分。把某物理解为"某物"的同时，总是意味着将该物与"其他某物"相区别。认识对整全的划分，就是去认识整全的异质性。整全在这里不只是被分为平行的组、级、种，它也是在神性、人性、自然之物之间的一种位阶式的等级。智识的（noetisch）异质性与本体的（ontologisch）异质性相符，认知层面的多样性也与存在的多样性相符。

哲学追求的是这样一种知识：它知道自己只能够部分地占有整全的一部分。在施特劳斯看来，这一知识将古代哲学分为两个领域，他称之为"同质性知识"（Wissen von Homogenität）和"异质性知识"（Wissen von Heterogenität）。前者是有关同质结构的知识，这种知识的典型即是数学、由此派生的自然科学以及生产性的诸技艺。后者是有关异质目的的知识，政治家和教育者尤其需要掌握之。后一种知识优于前一种知识，因为对不同目的的知识的掌握始终是对整全知识的掌握。

城邦便是这样一种整全，甚或是唯一能从其目的得到完全认识的整全。关于属人目的的知识，或者说知晓什么使属人生活成为一个整全，[104]隐含着对属人灵魂的认知。属人灵魂作为整全的组成部分，向整全敞开，因此也与整全最为相似。对于古典政治哲学而言，灵魂知识是最高形式的政治技艺。不过，如果想要获得一种有关整全的广博知识——但我们无法企及这种知识——就必须用特殊的方式，将两种形式的知识即同质性知识和异质性知识结合起来。只要这两种形式的知识之间存在相互牴牾，哲学就要在它们诉求的夹缝之间保存下去。哲学是勇气与节制结合的最高形式，为此，哲学需要爱欲。"哲学是自然恩典的恩赐"。在区分两种知识时需要注意理论和实践知识的必要区分，但是绝不可因此造成理论知识与实践知识的分离，因为二者一同构成了整全。比如，柏拉图的《治邦者》和《王制》即是一体，它们既表现了对理论的实践性讨论，也表现了对实践知识的理论探索。

政治技艺完善着人，而人只有在其类别，即在其"本相"中，才能达到真正的完善。自足的是整个人类族群，而非它的某一部分，然而，只有作为整全的一部分而非整全的征服者，它才是自足的，作为征服者的它会先将自身置于整个人类族群的中心位置，继而凌驾于自然之上。在政治技艺做出的补充与苏格拉底促成的补充——即他的完善——之间，形成了一种相似，但是这种相似尤其意味着二者并不能等同。[①]

那么，对于施特劳斯的自我理解，以及对于理解他的哲学方案而言都同样关键的是：[105] 他赋予哲学何种认知地位？他以柏拉图对"哲学"一词的"字面"理解作为哲学概念的基础。哲

---

① 《柏拉图〈法义〉的论辩和情节》，页102；《城邦与人》，页29；《文集》卷一，页175；《政治哲学史》，页76及以下；《古今自由主义》，页6及以下；《自然正当与历史》，页83及以下，页94及以下，页122及以下，页126及以下，页176，页274及以下；《论僭政》，219；《重生》，页118；《什么是政治哲学》，页11、24，页39及以下，页94；《色诺芬的苏格拉底言辞》，页147–150；《与洛维特通信》，1946年8月20日，页110；《阿尔法拉比的柏拉图》，页364及以下。

学是爱智慧，但不是智慧本身。对于哲学而言根本的是追求真理，而不是占有真理。认识整全的侧面正是哲学的目标，但是这个侧面无法保证任何时候都能够让人们观察到整全的适当表达。可是，为什么不干脆放弃追求这种从来都无法确定其真理性的知识？为什么不因此而只限于去认识对我们有用的部分？因为，若放弃普遍的认识，也会使其他的哲学认识变得不再可能。部分会超越自身指向它们所属的整全，并且只能被合宜地理解为整全的部分而不是自足的形象。正确的理解以整全意识为先决条件。由于每个部分的意义都取决于整全的意义，所以，任何对于部分的恰当认识，都基于对整全的假设。

用政治方式来说，问题表现为如下情形：如果没有认清民主制之外的替代方案，就不能够弄明白民主制的性质。当下的政治学原则上仍坚持民主制与威权制的对立，然而这一区分的视域有其局限：仅限于既定的政治秩序及其对立面。继而，为了教条性的因循主义之故，政制学说的首要或者基本问题，就被当下的政治学这种"科学"思想丢弃了。就此来看，"科学精确性"的拥趸的不够精确令人吃惊。[106] 对于政治科学而言，解释清楚是什么区分了政治事物与非政治事物尤其关键。不过，这个问题原则上并不能以此方式得到"科学的"讨论。因此，哲学并不带着某种知识诉求直接出现。乍看之下这也许令人吃惊：一个无法获得任何知识的"学科"还有什么用？一种明知无法企及但却追求知识——而且是最为重要的有关"整全"的知识——的思想行为方式有什么裨益？

苏格拉底是第一个在自己的言辞中表达过这种知识类型的人：他唯一的知识就是知无知。苏格拉底的这一洞见意味着对哲学本质的结构性洞见。追求一种原则上不可企及的知识，这虽然无法实现,却有着不容小觑的重要影响。虽然哲学从来都不能够越出讨论和论争的阶段而得到定夺,但是,清楚呈现一个基本问题,就要求恰切地理解该问题对象的本性。一种有关基本问题的源初的知识,以及对这种知识的根本性理解,要好过对其盲目无视——即使这种盲目并不妨碍人可能知晓关于无数次要问题的答案。哲学在本质上是对基本问题的总体性认识。发现基本问题及相关的基本解决方案——施特劳斯认为这两者是持久并且和人类同步的——就已经是一项哲学成就。大多数现代政治思想家甚至从未领会那些问题的存在。如果不存在智慧,[107]对于哲人而言,

> 一切可想而知的答案的说服力,都不可避免地要弱于问题的显明性。

为哲学的辩护既不是基于教条的,也不是基于怀疑的甚或决断论(dezisionistisch)的方式,而是诱导探究式的(zetetisch)——在施特劳斯看来,该词表达的正是"怀疑"一词最初的意义。施特劳斯发现,这一哲学概念在阿尔法拉比身上得到了典型的体现。

> 如此理解的哲学与科学的"行动"精神相一致,与原初意义上的skepsis[怀疑]相一致,即与真正地探寻真理相一致。它受如下信念的鼓舞:只有这种探寻才使生活变得值得过。对人天生倾向的怀疑强化了这种探寻,因为人天生倾向满足于虽然模糊和未经证明但却令人沾沾自喜的信念。

在阿尔法拉比以及施特劳斯看来,对哲人而言,关键的不是

信念，而是思想，他们在思想中获取并坚持信念，在思想中以必要的克制将信念传递给大众。哲人的怀疑与其说是针对认知宇宙的可能性，毋宁说是针对一切教条主义和决断主义的立场。追寻真理的哲人不仅是第一个发现自然的人，也是第一个怀疑主流教条的权威的人。他的怀疑针对的就是权威。在哲学上澄清基本问题可能无法得到问题的答案，也许没有答案甚至就是其特点，但是，认识到问题就已然使人接近了真理。知无知并不代表无知，它首先意味着自我认知。要想知道自己无知，人们也必须知道自己不知道什么。真理或者整全并不为属人理智的认知能力所及，这个知识对苏格拉底来说至关重要。[108] 人们不用穷根究底就可以熟悉人的这一处境。人的处境包含向着整全开放，而理解这一处境则包含着去探索恰当的宇宙论。①

伦理因素也属于哲学的一部分。哲学不仅是一种理论行为，也是一种生活方式。借助智慧与启示之间不可调和的冲突，施特劳斯澄清了这一点。可想而知，启示的事实不理会任何显明（Evidenz），它有着未经证明的可能性的地位，哲人必须对这种可能性悬置不论。不过，悬置对极其紧迫的事物（如启示问题）的判断实际上是不可能的，而最具紧迫性的问题就是"我应该如何生活？"。就苏格拉底而言，他的哲人身份已对此问题做出了回答。在施特劳斯看来，人们面对最重要的事物时的无知说明，探求有关最重要的事物的知识对于我们来说才是最重要的。

---

① 《自然正当与历史》，页37及以下，页86、129，页274及以下；《论僭政》，页207，页218及以下；《什么是政治哲学》，页11、23–25；《阿尔法拉比的柏拉图》，页393。

哲人的自我认知暗含了对"我应该如何生活？"和"为什么要哲学？"这一双重问题的回答。哲学生活是唯一必要的生活。施特劳斯指出，哲学并非诸种见解的定理，并非学说，并非系统，而是由爱欲承载的生活方式，这才是关键。哲学的生活方式是一种哲学认知状态的结果。哲人本身是充满悖论的人，他认识到自己对最重要之事的无知，这促使他凭借独特的力量去探寻这一知识。如果他因为答案不可企及而搁置了自己的追问，那么，他从一开始就丧失了自己的哲人身份。主要问题在原则上的不可解答，和人在最重要问题上的无知，[109]要求哲人将生命奉献给最高知识的探求。哲学生活即是正义的生活。作为生活方式的哲学的实践维度，弥补了哲学在认知上的不足。哲学是对真理的永恒追求，但它不能够在牢靠的知识中企及真理。尽管如此，在有关整全的知识以及在问题的解决方案方面，哲学却认识到了根本性的问题。事实上，施特劳斯坚信，柏拉图意义上的哲学不仅可以恰切地领会属人的问题（即有关幸福的问题），同时也可以为这一问题本身提供恰当的答案。施特劳斯的观点也出自诗化形式的柏拉图对话，因为对哲学的呈现必须触及我们的整个存在。知晓人的天性和属人生活的目的，意味着知晓了属人的灵魂。在不断追求领会永恒秩序的过程中，哲人认识到，属人灵魂是整全中唯一向整全敞开的部分，他必须从这个反映永恒秩序的灵魂中得到飞升。人的灵魂也在不同程度上反映了永恒秩序。哲人对属人灵魂的差异特别敏感。他尤其会关注这样一些人：他们的灵魂似乎适合为自己获取永恒秩序。因此，哲人天生便是教育者。他喜爱有良好教养的心灵，并且希望进一步培养潜在的哲人。对自由与统治之间的正确关系的政治追问，只能通过教育来解决，即通过哲学教育和以哲学生活为目的的教育。苏格拉底完全领会到这一点。

[110] 他不仅是政治哲学的创立者,也是最典型的教育者。①

上述内容已经暗示了哲学的许多政治特性。宇宙论问题为哲人的自我认知提供了决定性动机,他由此认识到自己理性的界限。宇宙论问题催生了人本学,导致了对人之天性的追问——追问他的可能性和能力,以及追问他在纯粹身体性和精神性事物中的局限和位置。②从哲人的自我认知中可以引出哲学的自我理解:哲学是一种探寻法(Zetetik),会带来对基本问题的认识。所谓的基本问题是一系列"本相",比如正义的本相,它们来自诸多根本性的追问,比如对正义和至善生活方式的追问。哲人和哲学的自我认知不仅在理论上,而且在实践上都使人们反求诸己。这样一来,政治、属人事物、属人生活的领域便成为一切哲学的出发点。哲学的概念本身凸显了政治哲学是整全的一个特殊部分。不过,政治哲学的认知诉求远远超过了一般意义上的哲学诉求。要证明哲学何以可能,就得证明人能够认识永恒不变的基本问题以及基础性的解决方案;与此相应,要证明政治哲学何以可能,就得证明人可以洞识基本性的政治解决方案。

但是,倘若政治哲学只限于对基础性的政治解决方案的理解,那么,它就会失去实践价值,就不能够回答何为明智行为的最终目标这一追问。[111] 它就不得不把批判性的决断交给盲目的选择。

---

① 《施米特〈政治的概念〉评注》,页116及以下;《文集》卷一,页209-214,页221及以下;《政治哲学史》,页77;《古今自由主义》,页6;《自然正当与历史》,页37及以下,页77及以下,页201;《论僭政》,页224;《迫害与写作艺术》,页37;《重生》,页131及以下,页181-183,页258及以下;《什么是政治哲学》,页39及以下。

② [译按]作者对身体问题的展开详见附录部分文章。

政治哲学问题最终的解决，尤其对自然正当而言是个前提。这就要求人们能够以一种源初和普遍有效的方式认识正义的诸原则，或者总的来说，

> 如果属人思想不能够在有限的范围内获取真正的、普遍有效的、终极的知识或者一种有关特殊对象的知识，那么，自然正当就无从谈起。

这种知识存在于对何为正义的生活方式这一追问的苏格拉底式回答之中。反过来，它会导致直接的政治后果，这些后果进而会使人们更深刻地理解政治哲学的本质。哲学意味着脱离于城邦的自由、摆脱了权威的自由。那么，一种无法为自身提出权威诉求的生活方式在政治体中如何可能？鉴于属人的卓越和幸福，如何能够将自由和统治融合起来？——这个政治追问最终表现为追问政治与哲学的关系。①

我们可以从施特劳斯这里看到政治哲学的五个维度。

首先，政治哲学的定义来自它自身对象的领域。政治哲学的主题是关于自由与统治的正义关系，或曰"城邦与人"之间的关系——如施特劳斯的同名作品所示；这部作品也因此被证明是施特劳斯政治哲学对该主题的直接讨论。当然，要说明这一关系，就需要说明许多相关对象如正义与正当之间、义务与法律之间、人与人之间的自然关系，说明人的自由及其天然局限。然而，要回答这些问题，只能通过回答其他问题，[112]如追问人的天性

---

① 《自然正当与历史》，页37及以下；《自然正当与历史》（英文版），页24、35及以下。

本身，追问人的目的、能力以及需求。要探讨人之天性的本质，还得考虑非人类、动物以及诸神的本性。政治哲学的对象迫使哲人上升到政治范围之外，对部分的认知以认识整全为前提。①

其次，政治哲学对于哲学整体而言具有启发功能，因为，对属人事物的认识，使人们有可能获得进入整全知识的特许门径。在施特劳斯看来，整全的关键特点在于其智识的（noetisch）异质性。整全由诸多层级或者种类组成，通过感官感知并不能完全认清它们的特征。若要上升到更高层级的知识，就必须从最为明显、最为紧迫的事物，即从属人的、政治的事物开始。在人这个小宇宙中，人们可以看到较高者与较低者的关节点。属人事物"对于理解作为整全的自然而言具有决定意义"。这一点在施特劳斯的苏格拉底阐释中至关重要。

只有当人们看到理解属人事物和政治事物对于理解作为整全的自然而言具有关键意义时，哲学的政治转向才显出其哲学上的重要性。苏格拉底哲学的政治转向表现为将目的论原则引入本体论中。与属人行为将自身理解为目的性的活动相类似，善或者善的本相也会成为普遍的本体论原则。把苏格拉底看作政治哲学的创立者，[113]并不意味着苏格拉底背离了理论性的宇宙论而转向了实践性的领域，因为理论知识和实践知识是不能分开处理的。

苏格拉底为政治哲学奠基，标志着一种凭借哲学手段认识整全的新起点。色诺芬的《齐家》通过戏谑地回应谐剧诗人阿里斯托芬的攻讦，展示了苏格拉底——阿里斯托芬作品中的形象——如何从自然事物和修辞术教师转变为"完美贤人"的学生，这位贤人——不声不响地——教给他"正确的哲学技艺的基本知识"。哲学之政

---

① 《城邦与人》，页1。

治维度的哲学意义的根据就在于此，这个维度绝不应该退居哲学的政治意义及其在社会环境下受政治所限的表现形式之后。①

第三，哲学之所以是政治的，是因为它深知属人问题的严肃性。阿里斯托芬曾批评苏格拉底，说他作为哲人并无爱欲，不被缪斯眷顾，毫无诗意，也无政治感觉，总之，他无论在什么方面都是一个非公共的人物。阿里斯托芬还称，哲学之所以没有任何公共意义或者权力，是因为它在探究整全之自然的过程中表现出对人的蔑视，而且不懂社会的利益。当然，这一批判可能是在为诗歌对社会影响的排他性诉求进行论证。柏拉图接过这一批判，并让《法义》中的雅典异乡人承认，的确，只有极微小的一部分人可以变得有见识，而且在哲人面前会显得十分可鄙，但是尽管如此，属人的事物"仍值得严肃对待"。[114]此处暗示出哲学向属人和政治事物敞开，这正标志着政治哲学的诞生。这种敞开在苏格拉底身上首次有效地对抗了诗歌的诉求。上升的双重必要性反过来也导致了下降的必要性，然而即便在下降中，人们也不应将理论与实践主题分开处理。②

第四，哲学本身即为一个政治要素。它的纯粹理念本身根本上就是政治性的，因为，哲学对自然的探索会立即陷入与律法之权威的对立。任何身为哲人的人都是"革命者"，他必须拒绝将社会的目标、社会所承认的有关善的观念与祖传之物等同起来的做法。律法需要其正当性，这一正当性——如果不是出于理性

---

① 《自然正当与历史》，页94及以下，页173及以下；《重生》，页126、131-133；《色诺芬的苏格拉底言辞》，页147-150、164、184；《苏格拉底和政治学问的起源》，页158、163。

② 《重生》，页126。

的正当，即哲学性的正当——常常需要在父辈甚至史前的太祖辈，以及在诸神时代的起源威严中探寻。市民社会的强制结社（Zwangsgemeinschaft）与要求绝对服从的神法制度中的宗教结合。哲人身处政治与宗教的联合之外，检审着它们的前提和信念。与现代人的中立化尝试相反，政治哲学从本质来看不可能是中立的，因而它本身就是一种政治因素。正是这个关键点，让人们看清了政治问题之于整个哲学的意义。

> 哲学的根基、哲学对哲学活动之前提的说明，便隐藏于政治问题之中。

哲学生活的正当性在于其绝对的道德价值和 [115] 对属人自然的完善，这是一种服务于理性认识，仅仅以认知为权威的生活。然而，政治和宗教，律法和上帝，就自身而言无法容忍任何其他的权威。在这样的两难窘境中，政治哲学的任务便在于阐明哲学生活的前提和根基并为之辩护。因此，第一哲学必然是政治哲学。奠定了理性广厦之根基的，是政治哲学，而非认识论或者形而上学。

哲人之所以与权威对立，是因为，作为政治目的的共同财富具有包举一切的特征。《评注》向人们表明，如果不想对属人处境的整全视而不见的话，就不能把政治理解为诸多文化现象、诸多领域中的一种。在同他人的共同生活中，人不得不面对那种或隐或显的对顺从和忠诚的要求。政治事物要求人做出判断和决断，要求人从道德标准做出评判，这一要求应得到相应的严肃对待。"如果不借任何善或正义的标准去衡量它们"，它们就无法得到理解。要获得这方面有效的判断，就必须掌握有关真正标准的知识。

因此，哲学的任务也在于，探求有关政治事物和作为关键标准的正义的政治秩序之本性的真正知识。有关何为正义生活的根本性追问所引发的政治论争，必然使人们放弃中立。"我应该如何生活？"这一问题从自身得出了"为什么要哲学？"的问题。[116] 回答这一问题，也就是说，为哲学提供理据，具有切实的政治意义。①

第五，为了政治之故，施特劳斯在上述思考的结论中重新权衡了政治哲学，并得出一个能够赋予其"更深层意义"的不同定义。于是，政治就具有了决定处理哲学之方式的功能。哲人必须问，用关于整全的真知替代关于整全之自然的意见，为什么对于属人生活是必要的。他还必须对政治共同体这一更为宏大的关联提出上述问题，因为人是社会动物。通过询问"为何政治生活需要哲学"，哲学褪去了其政治上的"无辜"，对政治负起责任。这样一来的结果就是，哲学必须把为自己的辩护打扮成诸多针对邦民而非针对哲人的论据。哲学的论证必须ad hominem [针对个人]或者说"对话性地"（dialektisch）展开。"政治哲学"一词的独特意义便从这一关联中呈现出来：

> "政治哲学"这一表达中的形容词"政治的"，在这个视角下指称的与其说是其对象，不如说是处理的方式。我认为，"政治哲学"在这个视角下首先意味的并不是对政治的哲学处理，而是政治地或者通俗地处理哲学，抑或进入哲学的政治引导——是一种将合适的邦民或者说合适的子孙由政治生活引向哲学生活的尝试。"政治哲学"的这一更深层意义与其通

---

① 《哲学与律法》，页67；《什么是政治哲学》，页12，页16及以下。

常的意义极其吻合，因为"政治哲学"在两种情况中都在人们对哲学生活的赞颂中达到顶点。哲人无论如何都应如人们在政治生活中理解政治事物那样去理解政治事物，[117]因为他的最终目的是在政治共同体的法庭面前，因而也是在政治讨论的层面上，为哲学辩护。

故而，施特劳斯最后在政治哲学中更为强调的是哲学的政治功能和政治地处理哲学，而非对政治问题的哲学处理。这一思考可以把人们引向他本人政治哲学的中庭。自然正当、苏格拉底式的修辞学和政治哲学等，处于对真理的绝对探求与政治社会的要求之间的共同张力之中——因为并非所有真理都那么无害。①

---

① 《迫害与写作艺术》，页18、139；《重生》，页118；《什么是政治哲学》，页25、92-94；《色诺芬的苏格拉底》，页28、30。

## 四　政治哲学的必要性

［118］哲学的自我辩护，要求分析历史主义和实证主义运动。最后，为了重获柏拉图式的图景，哲学要在意见的洞穴世界抵达意见的天然出发点。施特劳斯通过解析历史，或曰解析关于历史的主流历史性意见，通过发掘现代根据其自我理解而同古典视角形成的断裂，达到了这一目标。以哲学方式而非历史性的理解重获古典立场，使哲学面临着天然的困难，即要从充满意见的属人世界上升到知识。然而，施特劳斯意识到自己还面临第二个困难，柏拉图立场未曾面对过这种形式的困难，即启示带来的历史困难：

> 基于启示的传统闯入了哲学的世界，这一事实给哲学活动的天然困难——它天然地与人类的"洞穴"此在共生共存——增加了历史困难。

由启示这个事实带来的问题，意味着圣经文本凭借绝对的权威诉求，拒绝哲学的必要性。圣经的第一诫使人面临对顺从和不顺从的区分，［119］而哲学根据自身的观念与所有权威诉求相抵牾，因而，哲学生活作为一种顺从之外的生活，无法被宗教观点所容忍。[①]

---

[①]《迫害与写作艺术》，页155及以下；《哲学与律法》，页46。

## 1 智慧与启示

属人智慧与属神启示之间无法克服的对立，在圣经的开篇《创世记》中已经成为事实。施特劳斯认为，从普遍的西方思想视野看来，《创世记》第一章的首要主题就是贬低宇宙论，即对"天"的研究，第二章则明确贬斥关于善恶的知识。对善恶知识的贬斥，意味着否认基于自然事物的哲学知识。在这种观念看来，圣经从一开篇就质疑了哲学的主题（即宇宙论）及其意图（即从自然事物的理解中获得的知识）。如此一来，哲学便成了"诱惑"，而圣经则是"诱惑"的替代物，二者由不可消弭的鸿沟分隔开来。智慧与启示的对立反映了自由与顺从之间的张力，这是根本的政治张力。从主题上来看，在与古典政治哲学相关的非启示宗教环境下，这种对立也会以类似的方式对待哲学。

人们从修昔底德那里可以看到，希腊城邦把自己理解为神圣的城邦，凭借宗教权威所赋予的祖传力量要求人们顺从它的法度。哲学虽然起源于这座"神圣城邦"，[120] 但它天生追求的是"自然城邦"，自由的属人理性对整全秩序的认知为这座城邦秩序提供保障。因此，哲学的源初问题，无论在政治抑或非政治领域，就是 quid sit deus [何为上帝？]，而该问题又分为不同的方面。与之相关的是世界的造物性或永恒性、个体性或种属性的天意、灵魂不死或智性不死、奇迹的可能性或现实性等解决方案。

在政治上，这一问题又有先知学抑或哲学、属人共同生活的启示秩序抑或乌托邦式的理想秩序之间的区分。此外，人本学对人起初的完善和不完善的基本区分，以及由此衍生出来的人究竟是善还是恶这样的问题，都属于对神性的追问，也划定了神学与哲学的边界。对立的根源之一是圣经对万能上帝的想象，这与任何古希腊哲学都不相容,因为在古希腊思想中存在着一个高于任何位格性存在的非位格必然性,而圣经则认为第一因寓于位格之中。因此,圣经的上帝对人类有着绝对的兴趣,而这对古希腊哲学而言却极度可疑。

智慧与启示对立的结果,从亚里士多德伦理学中可见一斑,他的伦理学有两个而非一个中心。除正义之外,作为德性的宽厚大度也有一席之地,它涵括了所有能够使男子汉得到提升的德性。与之密切相关的是施特劳斯所说的gentleman[贤人],圣经虽然也知晓这一概念,但却坚决反对之。之所以反对,是因为贤人必须掌握一定的物质基础。[121]二者内容上的对立还包括古希腊道德中没有恐惧和怜悯因素,这两个因素是肃剧的对象,肃剧要使人从中得到净化。因此,人们批评古希腊伦理学缺乏心灵的深度。

在道德的意义及其不充分方面,古希腊伦理学与圣经一致,然而,古希腊哲学在这方面与伦理学相抵牾,道德的完善可以在哲学中得到探求。这便是理解或曰静观。当然,这同时也意味着削弱了道德要求至高无上的地位,与此相反,圣经则强化这种至高无上。于是,圣经与古希腊哲学在与政治的关系中又出现一个根本区别。尽管静观是一种超社会或曰非社会性的活动,但其前提是把城邦作为实体并认为它是好的;然而,在圣经的语境中,第一位城邦缔造者则是凶犯。最终,古希腊哲学在没有神性应许的支持下采取行动。尘世无法摆脱罪恶。哲人生活在恐惧与希望之外,这带给他某种喜悦。[①]

---

[①] 《施米特〈政治的概念〉评注》,页109;《城邦与人》,页239-241;《文集》卷一,页198-209;《哲学与律法》,页32、95;《重生》,页248-252,页257及以下;《论〈创世记〉的阐释》,页18及以下。

要理解古希腊哲学与圣经的对立,就必须踏入两者共有的土壤。如何才能踏入呢?古希腊哲学区分性的特征是它假设了一种"自然",而旧约中找不到与之对等的表达,故而,智慧与启示共有的土壤就在作为区分性的"自然"概念之外。哲学将"自然"与何物区分开?哲学引入自然概念的前哲学对应物是什么?在这个语境中,施特劳斯把"神法"概念置于其关注的中心位置。[122]他借助古代文献,来领会得自较为源初的观念中的神法观念和"祖传"观念的由来,对他来说,关键是要揭示出,从对与错的道德区分,到宗教的神法范畴定型,这一发展为何不可避免并且是必然的。

施特劳斯明确指出,"自然"的前哲学对应物的根源,就在人们所谓的"习惯"和"独特"概念之中,此概念也指称任何一些事物或某一类事物的标志性行为。在发现自然之前,人们遵循的都是习惯、典型的行为方式。狗的典型行为是吠叫和摇尾,而对人来说,敬神才是正常的。某物之为某物,表现在它通常的所作所为。同样,个人和社群的认同及生活秩序,依循的是习俗、风情以及人们行为活动的习惯。

起先,人们还没有区分无论何时何地都相同的习惯、特点、生活方式与因部族而有别的那些习惯、特点、生活方式,后来,在那些部族中间某一个部族的生活方式脱颖而出,这个独特部族的生活方式就被视为了最高等的生活方式。它就是所有生活方式中的正义者,这是它的资历,即它由来自太古的根系所保证。资历可以带来正当化的荣耀和对某种生活秩序是独特秩序的强调,二者统一在关于"祖传"的观念中。

在前哲学的生活中,善等同于祖传之物。古希腊哲学和圣经宗教共同依据的观念,都是不加反思的此世之善,这一观念继而发展成为一种神法观念。[123]从祖传之善出发，正确的道路必然通向有关祖先和最初之物本身的思想。有关祖传的观念和祖先的优越性，与神话和宗教观念相结合，于是，被认同为正义的独特生活方式的根源，就以这种方式获得了神性尊严。正义生活方式的秩序逐渐成为神法，它不仅规定了行为，也规定了有关神性事物的意见。与逐渐形成的宗教权威一样，神法同样必然成为一个问题，因为神法与具有独特生活秩序的社群一样多。由于所有神法都包含了关于正义生活方式及其基础的普遍见解，因此，社群之间多有龃龉而且相互排斥。神法的普遍权威诉求与其他神法对如此诉求的拒绝，不可避免地导致人们尝试凭靠独一无二的属人理性的手段，来解决关于独立于祖传的正义生活方式的追问。①

抛开哲学与宗教的所有对立不谈，二者的一致性在于，它们都试图给出有关整全之物的决定性解释，并将这一解释视为属人生活必不可少的。此外，二者的一致性还在于，它们都认为"神法"是社会的生活秩序。然而，二者试图以不同的方式解决神法带来的困难，此困难在于由宗教提供保障的生活秩序具有多元性。宗教坚信自身独特生活秩序的正义性和超群性，并认为该秩序具有约束性。宗教从律法中派生出自己的权威，它"声称有权要求人类的顺从"。[124]要求顺从的权威诉求否认如下可能性，即其他作为独特生活秩序的秩序有可能也是正义的。宗教否定哲学的必要性，认为后者并无正当性去探寻超越源初多样性的自然生活秩序。

哲学本身的前提则是质疑一切权威，它无法不假思索地接受祖传事物与善的一致性，相反，它必须区分二者。它在神法那里

---

① 《自然正当与历史》，页84–86、93及以下；《迫害与写作艺术》，页10、18；《重生》，页246、248、253–257；《什么是政治哲学》，页92。

选择了本质性的根基,并得出有关自然法则或自然道德的概念。与之相反,圣经则维护宗教框架,并认为真正的神法是无数竞争性律法中唯一真正的法则。因而,必须改变习以为常的宇宙论,并将上帝构思为位格性的上帝,即第一因、全能、不可战胜、不可认知并且是自由的。神人之约使人们建立起对这样一位上帝的必要信赖,然而此约并非由旗鼓相当的不同双方所订立,而是上帝强加给人的。

哲学的前提是怀疑权威,它的理念是批判的,这一点也表现在自古代以降的宗教批判中。① 经典的宗教批判在伊壁鸠鲁那里得到过表达,其批判针对的是政治性的诸神,城邦通过律法将诸神崇拜制度化,从而赋予城邦的生活方式、政制及祖传习俗以神圣权威。就此而言,伊壁鸠鲁的宗教批判区别于后世尤其是受阿威罗伊和马基雅维利影响的17世纪的宗教批判。伊壁鸠鲁主义与这些流派的不同之处还在于,[125]后者以静观生活和virtù[德能]之名出现,而伊壁鸠鲁主义的动机,即不动心(Ataraxie)或曰"生活的安宁和无所畏惧","最初由它与宗教的对立"所决定。如施特劳斯所说,为了使精神从恐惧和不安中得到自我解放,伊壁鸠鲁哲学直接的意图和目的便是宗教批判:

> 伊壁鸠鲁的确是宗教批判的经典作家,没有哪一家哲学像他的哲学,把对超人性的力量和对死亡的恐惧设为前提,即视之为威胁幸福和人之安宁的危险。这种哲学甚至与古典手段无异,即平息人们对神灵和死亡的恐惧,不过其方式是通过证明这类恐惧"站不住脚"。

---

① 《自然正当与历史》,页86。

伊壁鸠鲁批判的经典地位归功于其决定性理由的普遍性，这一理由表现为

> 一种普遍—人性的，无论人的意识如何变迁但总不变的，最为普遍的反对宗教的动机。

施特劳斯认为，科学的宗教批判也许只能被理解为"心灵源初的兴趣"，出自作为理由的源初动机。根据施特劳斯的伊壁鸠鲁阅读，伊壁鸠鲁宗教批判的主导兴趣在于清除人们对诸神影响力和死亡的恐惧，尤其当人们相信灵魂不死，而死亡会使人不得不面对永罚和恶的时候。伊壁鸠鲁立场的普遍前提是享乐主义的态度，是将善等同于舒适，由此带来的后果则是，在有关正义生活的问题上，愉悦（Lust）一跃而成为唯一的准绳。人们首先要追求的是确保愉悦不受以往或者将来的痛苦所烦扰。

施特劳斯在谈及"伊壁鸠鲁派"（Epikureertum）时，指的便是享乐主义这一特殊形式——并不关心根本的愉悦，而是关心对愉悦的保障。[126]此外，他并不愿意将伊壁鸠鲁主义理解为历史上确切无疑的学说，而是要了解在其中得到经典的哲学表达的一种普遍的人性倾向。如上文所述，要确保愉悦，就要求使愉悦免遭未来的威胁。而从逻辑上讲，若是顾虑责罚人的上帝日后会带来永恒且无限的灾祸，则所有愉悦都将化为泡影。倘若有人明日便要踏入新的"生活"，眼看就要得到诸神永恒的报复，他还会在今日心情舒畅地享受愉悦？仅仅是对可能到来的事物——无论它来或者不来——的恐惧，就足以使任何愉悦成为不可能。似乎只有借助科学消除了对诸神和死亡的恐惧，人们才可能摆脱这一困境。当思想以令人信服的方式否认了它所自认为可怕之事物的

可怕性，它才能将自己从恐惧中解放出来。因而，科学的意义和目标就在于：

> 只要由于对上天和死亡的疑虑令我们不得安宁，那么，物理学对我们而言就是必要的。

伊壁鸠鲁本人暗示，带有科学或者哲学意图的宗教批判不必是清除对诸神的恐惧的唯一手段。人若信仰善良的诸神可通过牺祭和恭敬得到安抚，恐惧也可以得到平息；也就是说，人可以对诸神施加一定影响，因为诸神并不是一开始就被赋予了绝对的惩罚性正义。施特劳斯强调，这个因素表明，引导伊壁鸠鲁的并不是对宗教源初的敌意，他只是反对那种认为对诸神的恐惧不可避免的观点。

一旦宗教批判首先针对恐惧因素，而非针对诸神信仰本身，那么，除了宗教批判之外，宗教分析也变得重要起来，[127]它明显区别于前者，并且甚至可以在某些方面赋予宗教以积极的作用。因为，宗教分析追问的是恐惧的诸条件。在伊壁鸠鲁看来，人们之所以恐惧，是因为不知道所发生事件的原因。人们把给人带来恐惧的神秘的自然现象，以及一切不可预测、引人注目的事件，都归咎于诸神：

> 于是，人类恐惧的证明只剩下人们对可怖的诸神的虚幻信仰，而非对真正的诸神之正当信仰。恐惧因素在这种正当信仰中毫无根据，只不过是恐惧的产物。

这里蕴涵着一种哲学论证，它在原则上与诸神信仰并不矛盾。

由于科学可以带来对真正原因的认识,所以科学不受恐惧侵扰。诸神源自人类既有的、部分程度上对现实的情有可原的恐惧,而就科学使宗教褪去了诸神的可怖性而言,科学对宗教的态度是批判性的。①

阐明伊壁鸠鲁经典的宗教批判,对于政治哲学问题和现代科学的发展具有多重意义。首先,伊壁鸠鲁的宗教批判在不容置疑的宗教诉求面前捍卫了哲学的立场,由此寻找到与柏拉图哲学共同的土壤,尽管两者在内容上迥异。其次,伊壁鸠鲁派是极端非政治的,这一认识极为重要。伊壁鸠鲁主义者的哲学因循主义——伊壁鸠鲁主义者卢克莱修的诗歌《物性论》便是"唯一流传至后世的真实且广博的记录",施特劳斯曾深入阐释过该诗歌——与来自苏格拉底—柏拉图哲学的正义的自然正当方案针锋相对,[128]但是前者的个体主义和享乐主义没有一刻忘记,

> 对社会生活而言,信仰和崇拜上帝或者诸神是必要的。

伊壁鸠鲁派否认人的政治天性,他们致力于公民社会,但只是将其当作实现自己私人目的而非政治目的的手段。他们的个体主义之所以是非政治的,是因为哲人这一真正个体的存在处于社会边缘。他们的哲学方案将政治事务排除在外,但就此而言,他们也承认它——即便作为不同的世界。此外,在此语境下,人若对于是什么改变了古典政治哲学有了确切的见解,就不那么难理解现代与古典政治哲学的决裂了。霍布斯借助民主制—伊壁鸠鲁

---

① 《文集》卷一,页51、66-76,页79及以下,页81、91-94;《自然正当与历史》,页116及以下;《哲学与律法》,页25。

主义、唯物主义自然哲学，使非政治的古典宗教批判转变为政治的无神论和政治享乐主义。因此，霍布斯成为"这样一种学说的"始作俑者：

> 它以其他任何学说都难以企及的程度彻底地变革了属人生活。

就给出时至今日的"启蒙批判的前厅"而言，伊壁鸠鲁派的宗教批判确实是宗教批判的经典，不过，启蒙时期的宗教批判相对于伊壁鸠鲁式批判发生了"根本性的转变"。现代启蒙攻击的并不是诸神信仰的可怖性，而是攻击信仰本身只是欺骗性的幻影，认为信仰妨碍了人们享受真正的此世财富。有鉴于此世的贫乏这一现实，启蒙科学致力于实践，致力于征服自然并将人类从恶劣处境中解放出来。这种进步乐观主义的早期阶段虽然已被超越，却为其他激进化趋势留足了余地。

[129] 后来人们之所以不再攻击宗教，不是因为宗教可怕，而更多是因为它具有慰藉作用。用此世的手段来解决属人问题，这个文明理想被证明是站不住脚的，相反，它使人们更加清晰地看清了自己的绝望处境。但人在毫无希望的时候或可在信仰的慰藉中得到庇护，近代"智性的真诚"（intellektuelle Redlichkeit）所关注的就在于此。

> 勇敢的一种新形式不允许面对生命的恐怖时逃向令人安慰的幻觉，并且开始令人信服地描绘无神之人的不幸，以此作为这种新的勇敢形式是好事情的证据，最终，它强调自己是反抗启示传统的终极且最为纯粹的正当证据。

  这种带有好良知甚或良心不安的无神论,正因其凭良知行事并因其道德而与没有良知的无神论区别开来,这种没有良知的无神论往日令人毛骨悚然:在16、17世纪的迫害中变成"唯心主义者"的"伊壁鸠鲁派",不愿再安全地"隐居",而学会了为尊严和真理战斗并牺牲,最终成为出于良心而抛弃上帝信仰的"无神论者"。

这就是施特劳斯在1935年《哲学与律法》中所持的观点,他想要以此来修正《斯宾诺莎的宗教批判》中的不足,这些不足一方面是由于犹太科学院所施加的审查,另一方面是由于当时对此问题没有足够深入的认识。施特劳斯默默地将1935年导论中的相关段落用在1965年《斯宾诺莎的宗教批判》的英文版中,从而更加强化了上述观点。至此,我们可以说抵达了施特劳斯所提问题的核心。[130] 现代有其道德基础,并且持有一种出于真诚的无神论。

  这种新的真诚有些不同于古代对真理的热爱。

那么,重要的是由无神论重返信仰,抑或是,用出于热爱真理但为诸神在其中留有一席之地的无神论,与出于真诚的无神论相抗衡?[①]

在施特劳斯看来,魏玛民国时期犹太教的神学—政治问题变成了政治哲学问题。在施特劳斯对中世纪理性主义的研究中,对一种可以接受的犹太教之自我理解的探寻,扩大为与法权的冲突。

---

 ① 《文集》卷一,XII及以下;《古今自由主义》,页76-139;《自然正当与历史》,页115、173-176;《哲学与律法》,页25-28。

与19世纪以降的犹太学问不同，施特劳斯让犹太哲学以律法为中心，继而集中到对合法性的理解之上。紧接着斯宾诺莎研究，施特劳斯开始致力于研究中世纪理性主义（尤其是迈蒙尼德学说中的）的宗教"启蒙"。他关心的问题是，如何在启示的语境中为哲学的必要性辩护——对于犹太人和穆斯林而言，启示与其说具有信仰的特性，不如说具有律法的特性。那么，既承认启示的事实，同时又坚持过作为属人幸福之条件的静观生活，这何以可能？初步的阐释似乎确证了一个观点，即与哲学相比，律法无疑具有优先性。若只能够企及世俗而非整全，因此只关心为自己带来出于一己之力而无法获取的事物的启示，那么，属人理性似乎就是不完善的。

鉴于当时的状况，问题不仅在于，有信仰的犹太人如何能够统一他们对启示性律法的顺从与对自由主义民主政制世俗法律的顺从，[131]以及后者在多大程度上能够保护犹太教的诉求；问题还在于，宗教的律法权威与哲学的自然正当秩序模式本身之间也出现了进一步冲突。智慧与启示的关系使施特劳斯陷入一个政治问题。中世纪犹太理性主义的环境是政治性的，因此，政治便是理性与启示相互角力的竞技场。犹太教著作被视为"凯拉姆"（Kalām）作品便是一个说明。阿尔法拉比认为，鉴于律法的优先地位，"凯拉姆"就是一种政治技艺。在对迈蒙尼德的先知学研究中，施特劳斯全面揭示了这种政治关联。在犹太教语境中，属人生活的秩序被预设为由启示律法所赋予，这方面哲人不及先知，哲学得依赖于权威。即便哲学在其认知中是自由的，但鉴于对共同生活的规定以及建立完美人类社会的实践要求，先知仍在哲人之上。

因为，如今创立以人特有的完美为旨归的社会乃是先知的目的,所以,我们可以总结说,先知必须集哲人、政治家、预言家(以及行神迹者)于一身,从而成为以人特有的完美为旨归的社会的缔造者;只有这样,社会才能也成为完美的社会。如果完美社会的缔造者必须是一位先知,而先知胜过哲人,那么就意味着仅仅是哲人的人不可能创立完美的社会。因此,连哲人也得遵行由某一位先知所立定的某一律法。[132]连哲人也必须服从先知。即便哲人的静观洞见并不比先知的洞见低,哲人也必须服从先知,因为这种静观洞见不会使他有能力立法,而人作为政治动物,只能生活在律法之下。

与一般将中世纪理性主义归结为亚里士多德主义的做法不同,施特劳斯认为中世纪理性主义的政治内核完完全全是柏拉图式的。中世纪理性主义是从柏拉图政治学的视野去理解启示,而柏拉图式的哲学理解几乎无法容忍哲学之于神性律法权威的从属地位。因而,犹太哲学必须默默地修改并批评柏拉图式的哲学框架:实际上,启示回答了关于最佳政制的哲学追问,而最佳政制的实现只需要先知,而非哲人。这就意味着,对于创建最佳政制而言,哲学与政治力量的同时出现不再是充分的。不同于亚里士多德那样将哲学完全开放,柏拉图使哲学依附于城邦,就此而言,伊斯兰教的"亚里士多德主义者"以及迈蒙尼德都可称为柏拉图式的。哲学必须使知识服务于整全并为城邦负责。中世纪的理性主义者都是柏拉图主义者,因为他们的的确确感到,应该为对于他们而言既成的和不容置疑的律法负责。[1]

---

[1]《哲学与律法》,页59,页62及以下,页110、117-122;《阿尔法拉比的柏拉图》,页372。

中世纪伊斯兰教和犹太教理性主义的柏拉图主义表明，完全相同的思想在不同的地域会获得迥异的价值。与调和智慧与启示的做法相反，迈蒙尼德在《迷途指津》中——[133]1963年，施特劳斯为拜恩斯（S. Pines）的英译本撰写了详细的"研究指导"——采取的是另一种路向。要理解这种不同路向，人们必须先理解为迈蒙尼德奠立基础的"哲人"，尤其是阿尔法拉比。

中世纪伊斯兰教背景下的哲人，不可能表达有关人之天性及人类救恩的异端观点而不受迫害。因此，需要找到某种隐蔽的方式来发表这样的异端观点。施特劳斯分析了阿尔法拉比如何利用注疏形式，或者利用研究古代作家的史论形式，去发表与正统教义相违背的学说，从而使自己免受侵害。这种学说的核心就是在宗教面前，为作为至高属人完善性的哲学生活辩护。

但阿尔法拉比走得比这很远，他将一般意义上的宗教知识看作认知性追求的最低阶段，这种知识在价值上比语法知识还要低。在他看来，宗教与语言的共通之处在于，它们都与某个特定的社群有关。这不外乎是在否定宗教的普遍真理诉求，因为宗教只是属人思想的产物。此外，宗教在阿尔法拉比那里被政治代替。把幸福等同于哲学带来的属人的完善，就相当于排除了那种想要为人类大多数带来幸福的单纯憧憬。故而，阿尔法拉比"出于博爱的理由"在显白层面上接受正统观点，即单凭哲学无法带来幸福，还需要政治生活以及在政治生活中体现出来的美德加以补充。

> 他用政治替代了宗教，以这种方式为哲人和开明君主之间的世俗联盟奠定了基础。

[134]不过，把政治引入哲学和宗教的冲突只是个间奏曲，

它导致的结果是排除了对唯一真正或最终启示性宗教的信仰,但其最终意图"还要更为激进",

> 哲学、对哲学的完成以及幸福都不要求建立完美的政治联盟——这是阿尔法拉比对此主题所下的断语——这三者不仅在此世,而且在现存的城邦即不完美的城邦都是可能的。但是,在不完美的城邦中,也就是说,在现实存在并且永远都将如其所是的世界中,只有哲人才能企及幸福,这是默默得出的根本性结论;而由于事物的本性,幸福把非哲人永久地排除在外。幸福在于"思考沉思性的科学"而非其他。哲学,是幸福的真正必要且充分条件。

在阿尔法拉比哲学的宗教批判中,人位于中心。宗教是人的发明,但并未给人带来好处,因而,使神性回归其源初的人性就十分重要。对人而言,宗教生活和政治生活都意味着对天性的异化,并且威胁人性。于是,使人的人性免受因"律法""民族""国族""公民身份"甚或"上帝"所带来的非自然化,具有关键意义。哲学的必要性在对人之人性的保护中得到论证。唯有凭靠属人智慧的真正属人的生活,才是值得过并且会带来幸福的生活——这里的智慧就是苏格拉底在法庭上未能为之成功辩护的智慧。[1]

[135] 与政治性地降低宗教与哲学的张力不同,启蒙运动试图尤其以斯宾诺莎宗教批判的形式,基于圣经经文来驳斥启示。施特劳斯在1930年出版的《斯宾诺莎的宗教批判》即服务于重新呈现这种尝试。他首先指出,由于无数理论性的理由,启蒙运动对抗正

---

[1] 《阿尔法拉比的柏拉图》,页357、371-374、377-381,页391及以下。

统宗教的斗争不得不以失败告终。因为激进启蒙者完全清楚正统宗教的不可辩驳性,而且因为实证科学的精神离开了智慧和启示共同的根基,因此,他们的"驳斥"主要在于,试图凭讥讽将正统宗教从其位置"嘲笑出去"。但他们强装的自信逃不过施特劳斯的慧眼,

> 这一对其而言根本性的、在历史上如此具有影响力的批判,并没有触及启示——宗教的内核,它只是从结论出发的批判,因而是成问题的。

因此,启蒙运动避开理论性的讨论,并试图在实践上克服正统教义。它意图揭示,不借助神秘莫测的上帝,不借助启示的生活指导,人们照样完全可以理解并征服世界;它意图通过达成自己的世俗学说来驳倒正统教义。实际上,只有在近代自然科学的前提下防御性地证明奇迹是不可知的,启蒙运动的批评才可能取得成功,近代自然科学由此而成为启蒙运动根本性的正当理据。但是启蒙运动如何为自身的防御性姿态奠定基础?它难道不是随意抛出了一种人们通过信仰才可达到的维度?难道它攻击启示,只是由于它不愿或者不能看到信仰的真理?那么,[136]当启示一再地质疑智慧时,坚持防御性的批判还有可能吗?

理性与启示之间的对话只有保持在理论层面,才能进行下去并承载西方文化。二者在认同习传道德上一致,政治也因此得以安然发展。对立双方都不应为自己争取政治权力并以此方式在对话中占得先机。后古典时期的宗教教派或哲学权威的统治常常导致了僭政,这就是启蒙运动在实践上克服启示所带来的危险。①

---

① 《文集》卷一,页192、194、214;《哲学与律法》,页18–22。

哲学的宗教批判表现为不同的侧面，而在核心上，只有柏拉图主义才能够为哲学在政治和宗教的诉求面前辩护。伊壁鸠鲁代表了一种以享乐主义为基础的宗教批判传统，它的自我理解是非政治的，就神学激起人类生活中根本的不安和恐惧而言，它也意在驳倒神学。施特劳斯对斯宾诺莎的分析使人们清楚看到，坚信属人理性普遍的无所不能并试图摆脱宗教偏见，这样的尝试在理论上何其困难。相反，中世纪犹太教和伊斯兰教理性主义的柏拉图主义者则让人们认识到，即便面对属人理性可能存在的缺陷，人们也可以为哲学生活辩护，视其为对真理的人性化追求。

三种立场的困难揭示出，哲学与宗教关系的基本问题是个道德—政治问题，并且必须作为这样的问题得到解决。[137] 面对宗教所要求的服从，哲学只能从一种目的论视角出发，在属人完善性的观点下主张并在政治上保证哲学的必要性。与之相反，马基雅维利的宗教批判则为了一种着眼于效果和"实际的"政治哲学之故，而以降低道德诉求为基础，这种政治哲学怪罪基督教和古典哲学从道德上限制了人的可能性，并顺势与二者决裂。因此，苏格拉底—柏拉图式的自然正当，为哲学生活提供了唯一恰切和站得住脚的辩护。

## 2 迫害与写作艺术

在钻研中世纪犹太和伊斯兰哲学时，施特劳斯遇到一个问题，该问题在许多方面对于施特劳斯哲学方案的进一步发展都具有重大意义。1932年的《施米特〈政治的概念〉评注》首次表达了他的转向，施特劳斯后来回忆说，这次转向迫使他——

进行一系列研究，在此过程中我愈发注意到早期异端思想家著述的方式和方法。

从广义上来讲，这指的是哲学与社会的政治性关联。施特劳斯注意到哲学的认知诉求之于社会认同和社会稳定的政治意义，及其在政治、文学、哲学方面之社会影响的反作用。[138]尤其当先知——比如伊斯兰教和犹太教中的先知——获得了政治管理职能时，哲学与社会之间不可消弭的张力，就类似于哲学与宗教之间无法消除的张力。倘若哲人认识到其行为本质上的政治意义——即任何哲学都需要一种政治引导，其论证是 ad hominem [针对个人的]——并使之得以实现，那么，哲学的政治维度及其在公众中的表现之间就必然产生一种关联。

通过注意"哲学与律法"之间的棘手关系，施特劳斯敏锐地认识到一个事实，它一方面由于启蒙运动的大众化趋势，另一方面由于广为流传的对哲学文本的纯粹历史批判而被人遗忘。关于这个事实，尼采在《善恶的彼岸》中记述道：

> 我们至高无上的见解，假若未经许可便传到了那些并非注定为此而生者的耳中，那就一定——而且应当——听起来如同蠢话，有时候还像在犯罪。以前的哲人区分显白和隐微。在印度，在希腊，在波斯，在穆斯林中间，总之在有等级制度的地方，在不相信平等和均权的地方，显白和隐微之分不仅在于，显白者置身事外，由外而不是由内来观察、评价、衡量、判断；更为关键的是，他是在从下往上看事物——而隐微者却是在从上往下看！（[译按] 参《善恶的彼岸》第二章第30节；中译见尼采，《善恶的彼岸》，魏育青等译，华东师范大学出版社，2015）

施特劳斯在《自然正当与历史》卢梭一章所做的脚注，可以给尼采做补充，着重之处由施特劳斯本人标出：

> 我们是否应该说出两种学说的区别，[139]这种区别已被所有哲学家们充满渴望地接受，且正是通过它，这些哲学家们才暗地里教授那些与公开传授的完全不同的看法。
>
> 这个由博学且真诚之人构思的不幸学说的历史，将是对古代和现代哲学的沉重一击。（［译按］中译参施特劳斯，《自然权利与历史》，彭刚译，北京：三联出版社，2003，页264脚注）

博学且真诚的施特劳斯开始检审，鉴于哲学的政治品性，传统的伟大思想家是否感受到有必要使哲学的表述形式适应主流的社会环境。以细致入微的文本阐释方式，施特劳斯揭示了哲学文本在修辞性外表掩藏下的内容。因而，面对着一个与哲人意图无关的哲学史阐释传统，施特劳斯成为一门细微写作和阐释艺术的重建者。对于施特劳斯而言，重新发现隐微写作技艺，不仅对于哲学史上某些文本的阐释，而且对于他整个政治哲学方案，都具有重要意义。

施特劳斯的观点总结起来大致如下。哲学或科学是用知识取代意见的尝试。然而，意见如今成为社会的自我理解以及政治生活之取向得以栖身的认知层面。由于哲学从其理念来看是批判性的，因此，它会通过消解社会的认知根基威胁整个社会。最后，由于哲人的活动是超社会的（transsozial），因此，他通常会尊重维系他而使他得以立身的社会的意见。这既不意味着他会承认这些意见为真，也不意味着他会屈从于这些意见，相反，[140]这只意味着，他会以某种方式表达那些可能危及社会稳定的观点，而不会使之对坚信基础性的意见和信仰内容的智识水平上的人产生分裂性的影响。

洞察到哲学与社会之关系的哲人或科学家，会使用一种独特的写作技艺，既能够将真理传达给在哲学上只具有有限天赋的公众圈子，又不至于威胁到大众对社会所依赖的诸种意见所承担的绝对义务。因而，这种技艺从文本表面区分两种学说，一种是隐微的、以隐蔽方式表达的真正学说，另一种是对社会有益的显白学说。后者人人都可得而知，而前者只向那些花很长时间认真研究文本的细致且训练有素的读者敞开。①

施特劳斯对此问题的表达具有多层含义，为政治哲学中大量根本性的问题打开了视野。首先，该主题的研究为未来的"哲学社会学"提供了素材，在使用这一称谓时，施特劳斯对当时的知识社会学不无批判。得到正确理解的哲学社会学的唯一任务，就在于理解所有真哲人都会面临的危险，这种危险与哲学一样古老。

也许是通过阿尔法拉比的作品，施特劳斯注意到了哲学和哲人所身处的"严峻危险"，正如他在阅读阿尔法拉比的柏拉图作品时，偶然发现了对显白和隐微学说"过时或被遗忘的"哲学区分。于是，沿着这条路径，脉络向上延伸到柏拉图——[141]柏拉图幸免于上述危险很大程度上应归功于他的技艺。从苏格拉底

---

① 《文集》卷一，页54；《自然正当与历史》，页269及以下（脚注15）；《迫害与写作艺术》，页24及以下；《什么是政治哲学》，页221及以下，页227；《论柏拉图政治哲学新说一种》，页350；《斯巴达精神或色诺芬的品味》，页534及以下；尼采，《善恶的彼岸》，箴言30。

身上，人们清楚看到社会对哲人的威胁。哲学之为哲学，乃是以质疑公共权威为前提，并且拒绝因循主义，然而哲学同时也受制于要求绝对服从的公共权力，在该权力的权威面前，哲学没有任何正当性。

> 社会总是试图对思想施行僭政，苏格拉底的修辞则是不断挫败这些企图的经典方式。

问题在于，哲学在这样的情形下如何行动。它能够至少暂时尊重社会的范式并采取主动的克制。如果它尽管面对着一切有益于社会的限制，仍不愿意否认自身的哲学实质，那么，它就不得不某种程度上在文本表面之下表达真理并传达其知识。哲学得谨小慎微，因此，它必须发展出一种特殊的传达技艺，即隐微写作的艺术，这种技艺可使它在尊重社会要求的面具下致力于它本来的使命。值得一问的是，之所以能发展出这样的技艺，是应归功于哲学对社会要求之认可性的尊重呢，抑或，它首先服务于哲学在政治迫害面前的自我保护？在如此充满张力的关系中，哲学也有可能踏上另外一条道路，即通过影响大众的启蒙运动来对抗社会权威。这似乎就是现代政治哲学为自身所计划的一条可能道路。不过，如此一来，哲学又会陷入双重危险：[142]一方面有陷入政治迫害的危险，另一方面哲学可能因其普及而使原本以知识为旨归的特点大打折扣，因为高要求的真理无法传达给广泛的大众，因而，人们必定会将它们降低到不那么牢靠的意见的水平。

在施特劳斯看来，现代哲学的中立化，只是启蒙运动以来哲学普及化的必然后果。如此理解的话，马基雅维利以来对政治生活的价值标准的降低，就是社会压力所造成的结果，即，不能用严苛的真理给公共意见造成负担。调和哲学与政治的关系的尝试，乃是以丧失哲学的实质为代价，哲学已然融入"文化"。自然与历史的区分，取代了自然与习传的区分。

在哲学史家看来，除了"社会学"和哲学问题之外，剩下的就是阐释的问题。那么，如何确定一位作家何时使用隐蔽的写作方式？究竟他会使用何种技巧？如何证实未成文的学说？除了"如何写作隐微文本？"这个问题之外，自然还会有"如何阅读隐微学说？"这一问题。

施特劳斯讨论了上述问题。首先他认为，一部隐微作品包含两种学说，即表面上具有修身特点的大众性学说和字里行间所暗示的哲学学说，后者涉及的是最为重要的对象。施特劳斯着眼于解决阐释问题，更多是通过实践而非理论性的论文。他的诸多常常被误解为注疏的作品，就是以实际的方式建议我们，有必要谨慎对待被视为隐微写作的那些文本。[143]即便在表现和阐释方式层面上，施特劳斯也让古代与现代一决胜负。到了19世纪，现代人已经意识不到哲学的公共性表达与其政治特点之间的关系，而在施特劳斯看来，这一点对于古典哲学是本质性的。哲学与政治的张力，对于原初形式的苏格拉底修辞的形成意义重大。①

现在还应该追问，隐微写作技艺会不会以另一种方式威胁到哲学？哲学的本质是追求真理。那么，隐微写作难道不是类似于一种欺骗、一种违心之举，难道不是借助本身就可能包含着谎

---

① 《城邦与人》，页37及以下；《自然正当与历史》，页214-216；《论僭政》，页36（脚注3），页38；《迫害与写作艺术》，页7及以下，页17、18、21、36；《什么是政治哲学》，页223；《论柏拉图政治哲学新说一种》，页360及以下。

言——即便是"高贵的谎言"——的隐蔽手段从事活动？这在卢梭那里尤其是个问题，作为哲人的他不仅以真理为己任，而且出于其他缘由为自己完全的正直作辩护。不过，卢梭在《孤独漫步者的遐想》中，才明确致力于讨论这个问题。

施特劳斯根据卢梭的见解来理解卢梭。卢梭称，道出真理的义务应唯独基于该真理的益处，反过来，也可以从中得出需要遵守的义务，即不仅需要隐藏危险的真理，还应该保证不产生危险。此外，大众无论如何也无法接近真理。如果人们从古典意义上把哲学理解为对智慧的追求，永远不能够企及确定的目标，那么，真理的危险性似乎就位于另外一个层次。如若最终的真理是无法接近的，那么，对真理的探寻就会导致危险的谬误和怀疑论，后者尤其怀疑社会教条的显明性。

[144] 在这里需要注意的是人们对无知（Ignoranz）的赞颂，显然，必须区分公众对哲学的无知与苏格拉底式的知无知（Nicht-Wissen）。毕竟，人们不能责备显白的做法歪曲了真理，它只是把真理掩盖在文本更深的层次下面。而且，暗示真理而不道出真理就已足够。只有那些具备哲学天赋的人，才会踏上前人指示的道路，通过自己的思考去穷尽这条路，并凭一己之力获得知识。通过使其作品中的真理如同被发现之前那样难以接近，古典哲人成为引导人独立思考的最引人注目的老师。但即便有优异导师的微妙暗示来指导，读者也必须通过自己的努力去重新发现真理。

为了说明哲人的"高贵的谎言"绝非谎言，阿尔法拉比讲述了一位虔诚的苦行僧的故事。这位僧人为了持戒和谦逊，远离闹市过着节制的生活。在公众眼里，他享有正直且高尚的禁欲主义者美名，他已将自己的生命献身于荣耀上帝。尽管如此，或者说正因为如此，他激起了城邦统治者的敌意，这让僧人极为震恐，他决意逃离。但是统治者下令搜捕他，并派人严守城邦的各个关衢要道，不让他逃脱。僧人于是搞来相称的服装，装出一副酩酊大醉的样子，在黄昏时手持铙钹，且唱且歌，踉踉跄跄走到一座城门前。守门人喝道，"你是何人？"［145］他打着哈哈答道："我就是你们要抓的僧人啊！"守城人想这人一定是在戏弄他，于是就放他过了城。

虔诚的僧人以此方式安全逃脱，并且在言辞中没有撒谎。①

哲学与政治之间的冲突如何表现出来呢？根据二者间关系的多样性和特殊历史条件的不同，其表现方式也不同。虽然不同，但还是可以总结出一些普遍特点，关键在于从什么视角来观察冲突——从哲学，还是从社会。

一、哲学的普遍性与市民社会的多元性和封闭性不同，社会得以展开的环境本质上由市民所共有的价值观设定。任何社会都会产生民族意识形态、神话以及象征，它们为制度的设计提供了灵感。与此相反，哲学原则上具有普遍性或世界主义的气质，它的认知兴趣必然超越任何封闭的意识形态界限，因此，哲学与政治便陷入不可调和的对立。

二、哲学与政治不仅有相互排斥的认知基础和互不相容的认知兴趣，二者还要求不同的生活方式，这些生活方式在多个方面互不协调。在实践层面，政治德性要求公民有义务为了社会共同

---

① 《论卢梭的意图》，页469–472；《论僭政》，页112；《迫害与写作艺术》，页35及以下；《重生》，页33、158–160、171；《什么是政治哲学》，页135；《斯巴达精神或色诺芬的品味》，页535。

体而一同发挥作用,团结一致、遵守法律以及适应集体思维模式,这些都是政治德性的题中之意。相反,哲学则要求禁绝政治活动,它需要的是闲暇和离群索居,[146]滋润它的温床乃是纯朴的自由和对理性推论表现出的持续真诚。哲学生活对公民德性和荣誉以及英勇没那么感兴趣,而是醉心于真正的德性和正义。就其所服务的社会秩序而言,爱国主义意义上的公民德性具有相对性,然而,追求人类完善的哲人,却无法因为不断更替的政制的规章而对正义的要求掺杂水分。

这两种生活方式的不同也可称为"贤人"与智慧者的不同。在柏拉图看来,完全可以把智慧者理解为真正的"贤人",然而常人无法认识到这一点。一般"贤人"与权威结构的纠葛,与哲人在社会中所要求的无拘无束两相矛盾,相互威胁。而且,从社会视角来看,哲人的"无所事事"也给人一种消极印象,似乎他只追求私人利益,并且作为不劳而获者享受公民所付出的辛劳。

三、知识为一方,信仰、意见及偏见为另一方,双方的对立无法克服。公民生活在价值观有分歧的封闭环境之中,该环境是由"有用的确定性"和"神圣的教条"组成的混合体。在这些教条的形成中,人们看重的与其说是这些教条的真理内容,不如说是它们的社会效用。重要的是,从实用主义的观点来看,它们有利于共同体。相反,哲学在原则上追求的是确定的知识,它无法停留在意见和偏见的层面上,它必须超越这个层面,以达到真知为目的。[147]政治生活,尤其从古典城邦秩序来看,发展出了一种宗教维度。对城邦诸神的信仰是公民社会的组成部分,而哲学则反对这种信仰。在社会观念看来,被视为有害、非信仰、会受惩罚的违法行为的哲学真理,必须被逐出城邦。社会的视角不可避免地会造成政治迫害。因此,古典思想家认识到了哲学—私人领域与政治—公共领域之间的根本性区别。

四、政治与哲学的对立就相当于战争与和平的对立。由于各民族自身的封闭性，任何社会都与风土、民情、制度不同于自己的其他社会处于竞争态势，因而，爱国主义会协同充满敌意的观念与其他社会对抗。继而，为了加强民族身份和防卫状态，一个社会就必须促进尚武德性。与此相对，哲学在原则上却具有世界主义气质，有碍于武士精神。早在古代，哲学就批判公共宗教更多是战争术的一部分，而无助于道德—德性的教化。故而，色诺芬在评价战争时，对和平和闲暇的赞赏中也隐含着他对虔敬的评价。

五、进而，政治领域中所要求的习传的平等，与哲学断定的人与人之间天生的不平等相悖。政治性的政制建基于公民权利习传的平等性之上，它要取代人天生的不平等。相反，哲学则是基于对分配不均的个人能力和禀赋的培育，它以自然的不平等为前提，而这正是公民社会所否认的。[148]智性力量天生的不平等具有关键的政治意义，施特劳斯认为这一观点是古典政治哲学的根本前提。该前提一方面导致了有关最佳政制的方案，另一方面也部分导致了哲学与政治之间棘手的关系。古典政治科学的诉求，与实践性诉求或曰政治社会的可能性之间，存在一种原则性的关系错位。最佳政制虽然是可行的，却不那么可能。必须用政治性的对应物，用"贤人"对常人的合法统治，取代真正的自然秩序。

六、古典哲人认为，未受过哲学训练的公众无法承受真理，也不能够消化真理。大多数人一旦丧失了信仰，其道德的根基便被抽掉。因此，在大众面前隐藏真理，对古典哲人而言，不仅是自己所担心的和关乎自身安危的事，也是义务。卢梭就曾告诫常人勿近科学，因为它只适合少数人。常人属于在卢梭看来以身体需求为目的的社会。哲学或科学对公众有害。满足精神需求并不是社会所急需的。因此，隐微写作技艺就服务于一种双重的安全需要：既是为了哲人的安全，也是为了非哲人的安全。

七、哲学与政治之间的张力存在于两个层面，既在治人者层面，也在被治者层面。[149]哲人与僭主之间被大众所嫉妒的部分共性，并不能掩盖二者之间相互猜忌的关系。作为智慧者的哲人懂得更好地统治，并且知晓获得治权的手段，就此而言，他是统治者的威胁；反过来，僭主则享有物质财富，并且有权镇压对他的地位进行的不受保护的批判。

八，群氓嫉妒、仇恨、嘲笑并且怀疑比他们优秀的哲人。除了由于动摇公众的宗教根基而招致威胁外，哲人受到的威胁还来自群氓的嫉妒。哲人的优势与其说在于拜思想力所赐的领导可能性，不如说在于哲学生活在属人幸福的方面享有优先地位。如果哲学是幸福真正的必要充分条件，那么，最广泛的大多数都会被排除在幸福之外。哲学的精英性特点自然而然地导致了哲人与大多数民众之间的棘手关系：

> 生活在并非由哲人统治的社会之中的哲人，即，生活在任何现实社会中的哲人，都必然"处于巨大的危险之中"。

面对这样的危险，只有两条路可走：要么随时准备妥协，要么沦为群氓愤怒的牺牲品。有意思的是，哲人的命运在这里与统治者的命运相差无几。在色诺芬《希耶罗》结尾处，西蒙尼德斯向僭主希耶罗保证，他会不受嫉妒地幸福生活。在读到西蒙尼德斯这段表述时，施特劳斯提示人们注意如下事实：

> 《希耶罗》的意图在于，不仅使统治者与一般意义上的私

人，而且与智慧之人针锋相对，[150]而智慧的代表即是苏格拉底，他因蒙受公民的嫉妒而沦为牺牲品。……色诺芬似乎相信，真正的幸福只有基于卓越性或优越性才是可行的，而归根结底只有两种类型的卓越者：一为统治者，一为智慧之人。凡优越于他人的人都会因其优越性而遭受嫉妒。……认为一个不能成功掩饰自己优越性的超拔之人不会遭到嫉妒，这样的想法纯为盲目。

有些人的嫉妒导致了一种针对哲人的负面看法，那些人像所有人一样希望出人头地、与众不同、得到嘉奖，但却埋没在大众之中。他们嘲笑哲人，至少是为了从外围掩盖自己的劣势。最后，哲人受到蔑视和仇视。某个政权有所针对的制裁，也会对哲人构成类似于迫害的情形。

由此，古典传统看到了智慧之人与"常人"之间不可逾越的鸿沟，这是属人天性的基本事实。古人相信哲学在本质上是少数人的特权，正因为如此，哲学遭到大多数人的怀疑和仇视。人若能从这一角度领会哲学的社会处境，知道哲学的压力并非来自某一政治阵营，也就不会认为哲学受压制的状况可以通过公共教育和渐进的启蒙得到清除了。因而，受压制是哲学的一个永恒困境。①

---

① 《文集》卷一，页122；《论卢梭的意图》，页463-477，页485及以下；《自然正当与历史》，页56，页115及以下，页268-270；《论僭政》，页54-57、111、118、217，页228及以下，页230、233；《迫害与写作艺术》，页33-35；《柏拉图式政治哲学研究》，页29，页148及以下；《关于马基雅维利的思考》，页34；《什么是政治哲学》，页93；《阿尔法拉比的柏拉图》，页381-383；《苏格拉底和政治学问的起源》，页140-142；《斯巴达精神或色诺芬的品味》，页532-535。

书面传授隐微学说，此乃书写技艺高度发达的结果，它远不止要求作者掌握一些文学技艺。故而，施特劳斯也只将此技艺明确归于"伟大传统"的代表者。[151]大思想家深知一部作品的完美，他们所撰述的都是严格意义上的书本，他们会令这些书本远离一切不必要的内容，倘若这些内容不能从整体上满足书本目的的必要功能。一本严格意义上的书，其内容只是旨在表达作者意图。作者所向往的完美作品在任何方面都遵循"笔法必要性"（logographische Notwendigkeit）的纯粹和严苛的法则。鉴于这一必要性，书写的最高技艺不允许出现哪怕最细微的疏忽、随意以及偶然。它不含任何多余的修饰，也不会给出错误的提示或造成其他疏忽。它完全听由理性的指导，凭借必要的严肃性和必要的审慎对待所处理的主题。

施特劳斯关于"笔法必要性"的提示语出柏拉图。在《斐德若》中，苏格拉底解释说，精心设计的对话必须如活物一样表现出自然的构造，其形象具有自己的头、身、尾，其中各个部分之间以及部分与整体之间都必须处在一种恰如其分的关系之中。一部好的作品就像一个健康的活物，可以很好地满足其特殊的使命。施特劳斯把这个有机体比喻与他推测的柏拉图对话的独特任务联系起来，此任务即，只对少数人说话并对他们敞开真理，对其他人则在事关真理的内容上缄默，而把他们引向具有人性化作用的有益意见。对一部作品的构思是该作品言说不可或缺的一部分。[1]

---

[1]《城邦与人》，页52-54、60；《柏拉图式政治哲学研究》，页163；《关于马基雅维利的思考》，页120及以下；《什么是政治哲学》，页31；《论〈创世记〉的阐释》，页19及以下；《苏格拉底和政治学问的起源》，页178及以下；Platon, *Phaidros*, 264b7、275d4-276a7。[译按]中译参柏拉图，《柏拉图四书》，刘小枫编/译，三联书店，2015，页279-403。

柏拉图本人在《书简七》和《斐德若》中对自己学说的隐微特点给出了明确的证据。他在这两部作品中对文字的批评说明，[152] 知识的某些形式和成分与作为知识承载者的人相关，并且不可以语言传达，这些知识成分无法直接传达给对话者。对话只是为了使他人达到自我认识，并在接下来的对话中检验该认识。柏拉图作品的对话结构说明了这一洞见的正确性。书面语言之所以只能直接传达较少的知识，是因为作品既不能改善也不能保护它在读者身上激发出来的东西，它无法确保其影响，也不能再次支配读者从阅读中得来的知识。依然是柏拉图作品的对话结构，是它冲淡了文字批评中所谈的内容。它不仅向读者呈现虚拟的对话，而且通过特定的表达技艺将作者一同带入场景，促使他思考并"同自己进行灵魂对话"。

施特劳斯极其严肃地对待柏拉图学说的隐微特点——它是一系列哲学和政治情形带来的后果——认为其学说以引导性、启发性和面向公众为表象，而在对话的深层结构中传达出来，这对于理解施特劳斯思想的基础极为重要。深层结构的重要因素即对话的情形，它发生在主人公的言辞之中和言辞之外，包括对话的布局，对话的时间和处所，参与对话的人物选择，以及某个人物传递的某种信息的意义（包括某人说什么时发生了什么）等等。从这些前提来阐释柏拉图对话，就要求人们极为细致地去阅读，缜密而详尽地加以分析。

[153] 柏拉图学说的隐微性质也会导致另外一种结论：既然哲学学说出于社会和哲学的理由被禁止以书面形式表达，那么，这种学说也就不包含在作品中了。根据这一观点，柏拉图对话虽然的确传授了某些被人们称为柏拉图学说的内容，但那并非本真的、真正的学说，即并非关键的学说。所谓的"图宾根学派"就

持此观点,他们试图从其他文献、其他关于柏拉图的古代传言来重建其未成文学说。不过,施特劳斯严肃对待柏拉图学说的隐微特点,其出发点明显不同于图宾根学派的立场。他坚持认为,

> 柏拉图对话是理解柏拉图学说的唯一可靠的基础。

柏拉图对其哲学隐微特点的自我暗示,并不意味着在他的作品中难寻其学说,毋宁说,这一暗示是在提示其作品的读者必须承担某种特殊的阅读任务。[1]

另一方面,进入柏拉图作品的独特路径也表明,隐微学说之所以可能,是因为,

> 粗心的人是草率的读者,而爱沉思的人则是细心的读者。

因而,从阐释学的诸原则可以看出,哲学爱欲的严肃性对于施特劳斯何其重要。如果不严肃地关心政治,便永远不会认识到政治问题,只有那些细心注意作者作品及其意图的人,才会在阅读中有所收获。之所以强调努力的彻底性是恰切的,是因为,施特劳斯作品所具有的气质,使它们只有在得到极其仔细的阅读时才会开启知识的宝库。[154] 他的文本具有极其精心和严密的布局,要想理解它,就不得不紧跟施特劳斯给出的每一个提示。

如果人们想要见识"伟大传统"中的哲人在何时隐微地写作,那么,专注是必要的前提,因为并不是任何时候都有那么毫不含

---

[1] 《阿尔法拉比的柏拉图》,页375;《论柏拉图政治哲学新说一种》,页349(脚注26)。

糊的、由作者本人（如柏拉图和尼采）所传递的暗示。人们必须严肃对待某些文学问题，比如情节的晦涩、一部作品或同一作者的几部作品之间的矛盾、一些必要论证步骤的省略、佚名、对先前言辞不准确的重复、奇怪的表达等等。一个消极的标准是，说明一部作品是否写于迫害盛行的时期，此时某种特定的政治或其他正统宗教正通过律法或者习俗大行其道。

与之相反，积极的标准则是，一位善于书写的作家在完全认识到正统观念的前提下，似乎有时会不经意间与此正统观念的必要前提或结论相抵牾，而在其他地方则会更详尽地对这些前提或结论表示认可。另外，如果某位作家从来不把自己的原则完全地表达在作品中，也值得注意。如此看来，卢梭在"一论"（［译按］即《论科学与文艺》）中对科学的批判只有从常人的角度、从有序社会的角度来看才显得连贯，并且只有与其他作品联系起来看，方能领会其真实意义。

施特劳斯在《关于马基雅维利的思考》中详尽研究了这个问题，他认真对待那些发现。可以看到，马基雅维利本人并不完全展开自己的意图，而是适可而止，让读者依循此道抵达目的，并将自己偶尔讲出的真理隐藏在诸多谎言中，［155］使人们很难得而知之。以马基雅维利为例，施特劳斯记录了一位作家如何暗示并贯彻其独特学说的隐微气质。对于作者未曾言明的内容，读者也必须形成一种眼力，因为沉默也是一种表达方式。对通常看来甚为重要的事情三缄其口，可能隐含了对一般观点的批评。

一位作者有可能这样做：有意在一部可能暗示其真正意图的作品中混入通常不会犯的低级错误，而同时他（比如马基雅维利）又暗示，此错误背后是可想而知的狡计。这些"错误"包括引用失实、指称错误、匆忙的概括、站不住脚的长篇大论等，尤其是极其紧凑的上下文中本不必要的自我矛盾。题目与小标题也会暗示作者意图，尤其当标题有悖于章节内部的行文时。还有其他一些手段，诸如反讽、戏拟、在貌似重复某些表达时纠正其内容、互勘、不贴切的举例，以及表面上并无裨益但实际能推进真实意图的离题话。

最后，施特劳斯让人们看到，一部作品结构中量化的、在数量上易于理解的相互关系，如何影响一部作品论证的精要和核心意图。但同时，他也告诫人们不应过于强调对这些关系的分析，因为结论的规则并非必然与论证的规则相符。①

## 3　历史性理解

[156]施特劳斯一方面批评威胁哲学可能性的历史主义，一面却又从事历史性的研究，并且致力于研究历史理解的精确技艺，这似乎是个悖论。这一悖论也反映于洛维特曾非难过的一个表述，

> 在当前的情势下，坚持哲学与历史之间的根本区分——哲学的成败取决于这种区分——这或许令人甚为困惑，甚至对哲学本身是危险的。

对此，施特劳斯指出，现代哲学参照系中的哲学史满足了

---

① 《论卢梭的意图》，页455及以下，页469；《迫害与写作艺术》，页25、32；《关于马基雅维利的思考》，页30-53；《阿尔法拉比的柏拉图》，页369及以下，页382；F. Nietzsche, *Zur Genealogie der Moral*, 前言8。[译按]中译参尼采，《道德的谱系》，梁锡江译，华东师范大学出版社，2015。

一种"名副其实的哲学功能",现代的政治观念则是基本观念的独特变形。比起澄清一些从更直接的观察中得来的观念,澄清现代政治观念要更为强烈地依赖于对观念史的反思。然而,只有当"哲学"结构不仅仅满足于一种牢固结构的外在印象,还使人们可以洞穿其根基时,哲学结构才是哲学性的。相反,现代进步论稳固的结构却如此远离其根基,以至于其根基本身再也无法得到辨识。因此,使有关根基和有关或许成问题的基础之品质的知识保持鲜活,是有必要的,与此相关的哲学研究即是哲学史。

哲学史的任务在于,通过回到源初发现而将传统知识还原为一种源初知识,它必须区分传统知识中真正的和伪造的因素。[157]哲学史必须发掘出传统知识的基础,该基础对于今人而言不再切中当下,也不再可以直接进入。政治哲学史是现代哲学本身不可或缺的重要组成部分,不过,绝不能忽视其预备性的品质。对于"朴素"的、非历史性的哲学而言,政治哲学史并不意味着进步。有哲学意图的哲学史将自身视为"纯粹的准备或辅助工作"。

哲学的迫切需求——理解历史主义和非历史主义的哲学之间的争执,之所以只能通过历史研究得到满足,是因为,人们必须从非历史性即古典哲学的视角来理解问题。这就要求,不能用历史主义的视野说明古典哲学,而应如古典哲学理解自身那样去理解它。几乎就在他"最为历史性的"作品——《自然正当与历史》中霍布斯一章的开篇处,施特劳斯就暗示读者:

> 更确切地说,我们必须暂时忘掉传统对于当前的史学家们呈现为何种模样,而首先去看看霍布斯所看到的传统是怎么样的。

就历史理解的对象属于过往时代而言,"历史性理解"是历史的。施特劳斯在一封写给洛维特的信中解释了他的意图。根据信中的说法,现代的精神态度已经极其强烈地动摇了哲学的能力,以至于人们不得不首先重新学习哲学的诸要素。转向这种阅读性学习的前提是,不以好古为旨趣,不仅仅是为了解关于古代作家的情况,而必须从他们那里得到关于哲学基础的教谕。属于基础的首先是,要重新意识到永恒且同人类共在的基本问题是存在的,并且意识到与之息息相关的基本解决方案。[158]在哲学中没有可能只持接受的态度,即只是想要去理解他人,相对应地,也不存在只是单纯学习的可能。由于现代人已经丧失自然知性的思维手段,因此

> 像我和我这样的普通人,无法凭借一己之力重新获得这样的手段。

必须尝试理解古人。因此,就需要历史性的反思作为"克服现代性不可避免的方式"。

对哲学的拯救,在当下环境中亟须"以毒攻毒"。要拯救哲学,就必须暂时有把握地对它造成威胁。据施特劳斯估计,我们今天研究的可能不再是哲学,而是一门脱胎于迷信的伪哲学。这样的伪哲学与其他力量一样,对现代人进入真正的哲学造成了人为障碍。要在这样的条件下将人们引向哲学,就必须暂时地接受人为的视野,并且在步入"自然的"哲学引导之前,先以"人为的"引导开始。这种"人为"引导的作用是,借助对古书在历史方面精确和细致的阅读,达到对哲学源初意义的回忆性的重新理解。今人或许只能通过某些古代洞见重获真正的真理,而只有通

过古代研究，才能接近古代洞见。

在现代思维的条件下，历史理解的作用首先在于复苏早期的思维方式，尤其是哲学的源初意义，[159]今人可以通过明智和持久的研究逐渐熟悉这一意义。施特劳斯思想的哲学史外衣首先也是一种表现手段，它使得传达哲学性的——根本的——因而也是"危险的真理"成为可能。在分析阿尔法拉比的柏拉图作品时，施特劳斯对此做了解释：公共言辞首先要求它既具有严肃的因素，亦具有嬉戏的因素，因此，公开传授哲学知识也需要一种虚构性的外衣，而历史表达正适于来完成这一任务。①

施特劳斯哲学史研究的解释学原则，一方面来自哲学史的哲学功能，它要求如古典政治哲人理解自身那样去理解他们的意图，另一方面来自古典哲学学说部分程度上的隐微品质。恰切的，即有助于哲学目的的历史理解，使阐释者有义务进行思考性的阅读，并严格检验自己的前提。通过详细基于文本来说明自己的阐释原则和阅读规则，施特劳斯让人们看到了必要的自我反思。施特劳斯把这些原则写入《如何研究斯宾诺莎〈神学政治论〉》一文，该文可看作对以《斯宾诺莎的宗教批判》为依据的阅读的改进。

原则一，开始一项特殊的历史研究时，必须说明该研究何以具有重要意义。某个特殊历史对象的研究基于何种理由而重要，

---

① 《柏拉图〈法义〉的论辩和情节》，页7；《城邦与人》，页1、8、9及以下；《与洛维特通信》，1946年8月15日，107；《阿尔法拉比的柏拉图》，页360，页376及以下；《评艾宾浩斯〈论形而上学的进步〉》，页2453；《自然正当与历史》，页35、59；《论柏拉图政治哲学新说一种》，页332；《论僭政》，页197、207；《迫害与写作艺术》，页154及以下，页157及以下；《哲学与律法》，页9、15、17；《霍布斯的政治哲学》，页9；《关于马基雅维利的思考》，页14；《什么是政治哲学》，页56及以下，页76及以下。

直接决定了该研究的普遍性特点。

原则二，对作者的理解一方面包括阐释：

> 我们所理解的阐释，是试图确定言说者所表达的内容和他对此内容的真实理解，[160]无论他对此理解是明说还是暗示。

理解一则论断是不是反讽或谎言，这属于阐释。就如阐释（Interpretation）先于解释（Erklärung），我们在确定表面表达背后可能未明说的意义之前，必须在阐释中先弄清该论断的字面义；同样地，阐释也包含了理解某位作者关于某个事实或学说的缄默，这些事实或学说都是该作者必定熟稔的，而且可能对他的论证具有重要意义。对这些事实或学说的沉默，无法用下述说明得到辩解，即沉默可以防止未经允许地越过某个特殊思维对象的边界。施特劳斯在《阿尔法拉比的柏拉图》中直观地呈现了对"经典阐释"的实践运用。

2.1 施特劳斯阐释所赖以为基的解释原则说明，人们必须如作家本人那样精确地理解该作家。当然，该原则只适用于基于斯宾诺莎而得出来的"可能性之范围"。

2.2 问题自然是，人们如何表达终究无法普遍化的阅读规则，毋宁说，它们必定是切合各个作家的写作技艺。在《关于马基雅维利的思考》中，施特劳斯坚持认为，必须借助作者本人认作权威的规则来阅读该作者。"践行作为艺术的阅读"以及尤其使读者自己在"反讽"中凸显出来，对于阅读尼采是必要的。当作者（比如马基雅维利）没有明确指出对他而言具有决定性的规则时，读者就必须通过观察来指出，[161]该作者在阅读经典作家时采用了哪些规则。

因此，如马基雅维利阅读李维那样，施特劳斯极其缜密地上下求索，希望可以借此找出马基雅维利本人书写的方式。对于读者而言，马基雅维利的写作方式就是阅读方式。阐释的精准性依赖于所需要阐释的表述的特点，而读者只有在知晓该作者想要被如何阅读时，才能恰切地判断这一表述。但人只能通过阅读作者的作品，才能对此有所认识。这就陷入了貌似循环式的阐释困境。

通过首先指出某位作者是如何阅读的，施特劳斯解决了上述困难，因为一般来看，有待阐释的作者的阅读规则，就决定了他的写作规则。人们通过阅读来学习写作。因此，施特劳斯提出一条规则："细心的作者也是细心的读者，反之亦如此。"若作者（比如斯宾诺莎）明确探讨了总体上阅读作品的正确方式，对该作者的阐释也会变得简单。施特劳斯把具有显白品质的文本当作显白文本去阅读，这种方式受到激烈批评。而且，批评也不曾忽略一点：虽然施特劳斯按照古老的经典传统，使可以达到的认知的精确性依赖于认知对象的特性，但他同时也给这种精确性套上了严格的准则，这些准则会使强加的阐释任意性变得更为复杂。

当然，历史性理解必须尽可能地精确，然而不能把精确性与只见树木不见森林的固执或者无能为力混为一谈。关心精确性的史家必须承认一个事实，即对古代伟大作家思想的理解不同于人们所自以为是的"证据"。[162]隐含隐微学说的文本的独特性，要求人们在阅读时特别细心。读者必须假定眼前这部书是符合笔法必要性要求的作品。一部优秀的作品要完全实现其目的，离不开细心的读者，这位读者会细致研究该作品每个部分的笔法必要性，无论该部分运用笔法必要性的可能性有多么小。施特劳斯给出了如下规则：

2.2.1 "如果采取字里行间阅读法比不采用此法更不精确，那就必须严格禁用此法"；

2.2.2 "字里行间阅读法的出发点是，必须精确考虑作者的明确陈述，只有在这种情况下，采取这种方法才是正当的"；

2.2.3 "我们必须完全理解一个陈述的语境以及整部作品的文学特性和构思，然后才能合理地宣称对这个陈述的理解是充分甚或正确的"；

2.2.4 "我们需要首先按一个段落本来的样子来理解它（其中一种可能性就是，这个段落或许是反讽的），否则，我们就无权删除这个段落，或订正其原文"；

2.2.5 "如果一位写作艺术大师犯了一些连聪明的中学生都会觉得丢脸的错误，那就有理由假定，这些错误是有意犯下的，尤其当这位作者——不管多么偶然地——讨论了在写作中故意犯错的可能性时，情况就更是如此"；

2.2.6 "如果没有证据在先，解释一部戏剧或一篇对话时，就不能把作者的观点等同于戏剧或对话中一个或多个角色的观点，也不能把作者的观点等同于所有角色或富有吸引力的角色所赞同的观点"；

2.2.7 "一个作者的真实观点未必就是他在最大多数的段落中所表达的观点"；

2.3 ［163］在阐释时，必须承认身处"伟大传统"中的哲人具有所有可以设想到的"信誉"（Kredit），必须放弃想要比作者更高明的企图。相反，应该通过阅读他的作品将他视为自己的向导，而且应该竭尽全部的理解力和想象力，去辨别作者自己设定的路标及其偶尔暗示的路线。

2.4 传统的术语在时下已显得过时，然而它在变更阶段仍是为人熟知的，因此，人们必须研习比如斯宾诺莎的同时代人所熟悉的语言的基本知识。阐释者必须复原从斯宾诺莎的视角来看对理解其作品都不可或缺的一切"背景"。而为了获得重要的背景，就必须对斯宾诺莎本人明确强调具有重要意义的那些哲学传统领域给予最高的关注。斯宾诺莎可能使用过的某些一般水平的教科书，某种程度上也比今天一流的经典作家更为重要。术语于是具有了独特意义。阐释者必须使用一个时代特有的语言。倘若超逾了那个时代的边界，把心思用在现代术语上，那就是把一个陌生的世界引入了自诩精确的阐释中。

2.5 必须与解释（Erklärung）的阐释学原则严格区分的阐释的阐释学原则（das hermeneutische Prinzip der Interpretation），引导阐释者对一本书提出类似下面这些主要问题：

> 它的对象是什么，即作者是如何称谓或如何理解其对象的？他研究该主题的意图何在？关于该主题他提出了哪些问题，或者，他只是或主要是研究该主题的哪个方面？

原则三，[164]紧接着文本阐释，是对文本的解释，"我们所理解的解释是，尝试明确他并没有意识到的表述的内涵"。对文本的解释包括：说明某个论断是否基于错误的前提，或者，它是否为某种愿望、旨趣、偏见、特殊历史处境等的下意识表达。只有在阐释过程结束后，才能离开作者自我理解的框架，而在之后批判这一思维对象时，甚至必须超越这一框架。比如，这适用于斯宾诺莎反驳古代所有核心的哲学、神学学说这一要求。对这一要求的考察，自然要求去检验在与古代作家的论据——无论他是否知晓——辩论时，他自己给出的论据的强度。向解释的过渡标志着纯粹历史性研究的界限，后者"价值无涉的客观性"为真正的理解做了准备。

在《自然正当与历史》中，施特劳斯以社会学为例说明，要想如同历史现象在它的历史视野中理解自身那样去理解它，只靠阐释学原则是错误的。把自己局限在历史性理解上的人，"就必须毫无怨言地屈从于其对象的自我解释"。一门不作进一步探究和解释的、非政治的科学，将成为其研究者自欺且欺人的牺牲品。它的批判潜力会首先因此而受到损害。研究对象自我阐释的标准，首先可以用来阐发不同的概念参照系，这些参照系使得比较性的评判并评价不同现象成为可能。[165]为了不被现代社会及其所有隐在前提的自我阐释和自我欺骗所蒙骗，就必须为了一种历史中立的参考样式之故，远离现代科学所预设的常常未加反思甚或下意识的参照系。

唯有主要遵循古代思想的自我阐释，才能找到非历史性的样式，比如古典哲学的样式。然而，这样一种自我阐释只有在通过解释得到检验和讨论时，才能成为评价的准绳。如某位思想家理解自己那样去理解他，不同于如某个思想理应通过自身所理解的那样去理解该思想。

这里可以看到施特劳斯阐释学原则的局限，以及他作为哲学史家的意图的局限。历史性理解的阐释学原则只停留于所讨论事物的外在，它们帮助阐释者抵达朝向哲学问题的路途上必须逾越的边界。有人说，我们可以更好地理解作者，胜于作者理解他自己——就其被当作历史性阐释的原则而言，施特劳斯不赞同该说法。然而，这一说法最初是为了真理之故的一种哲学意图的表达。难道不是柏拉图暗示人们，必须更好地理解诗人胜于诗人理解他们自己？让一位艺术家成为他自身作品的权威阐释者，意味着受一种夸张的心灵至上论（Psychologismus）所蒙蔽。

对哲学而言，关键总是在于更好地理解某物，并且不断地接近真理。或许在某种意义上，我们甚至必须提及海德格尔，他说，他通过"创造性地"理解，更好地理解了伟大的思想家。[166] 无论如何，施特劳斯是在海德格尔那里认识到了后者阐释哲学文本时的严肃、深刻和专注，只不过，仁爱之心促使他将海德格尔与耶格尔（W. Jaeger）——施特劳斯在柏林期间曾聆听其授课——的比较限制在"这里没有可比性"这一评价里。①

---

① 《城邦与人》，页54；《自然正当与历史》，页57-59；《迫害与写作艺术》，页30、142-144、146-149、159，页161及以下，页165；《重生》，页136；《柏拉图式政治哲学研究》，页30；《关于马基雅维利的思考》，页29及以下；《什么是政治哲学》，页223，页230及以下；《存在主义》，页304；《斯巴达精神或色诺芬的品味》，页503；尼采，《道德的谱系》，前揭，前言8。

# 五 苏格拉底：政治哲学的起源和复兴

［167］哲学危机使得人们有必要重返政治哲学的源头。我们若根据西塞罗的著名判断，将苏格拉底看作政治哲学的创立者，那就必须尝试通过研究苏格拉底来复兴政治哲学。因此，施特劳斯作品的中心议题就是苏格拉底问题，尼采曾在《偶像的黄昏》中以另一种方式表达了该问题。苏格拉底第一个将目的性的属人活动置于哲学关注的中心，同时将诸目的理解为开启整全的密钥。追问这个见解的价值，是苏格拉底问题的一个方面。问题的另一个方面更多是技术性的。苏格拉底并没有留下任何可靠的信息，也没有任何作品流传下来。我们所掌握的只是他人的记载，而且记载的方式有诸多不同：阿里斯托芬的谐剧、色诺芬各种有关苏格拉底的作品、柏拉图对话以及亚里士多德作品中所提及的内容。因而，问题就在于，是否能够从这些不同的"源头"得出一幅连贯一致的苏格拉底画像。[1]

---

[1] 《苏格拉底和政治学问的起源》，页138及以下；F. Nietzsche, *Götzen-Dämmerung*, Das Problem des Sokrates 1-12。［译按］中译参尼采，《偶像的黄昏》，卫茂平译，华东师范大学出版社，2007。

## 1　苏格拉底问题[①]

[168] 尼采《善恶的彼岸》是一部精彩的柏拉图式的反柏拉图作品，他在书中称：

> 那么我便不知道，什么能比一件幸运地被流传下来的小事更多地使我梦到柏拉图的隐秘性和斯芬克斯的本性。那件小事就是：在他临终的枕头底下不见"圣经"的踪影，找不到任何埃及、毕达哥拉斯、柏拉图的著作，——只有阿里斯托芬的书。（参《善恶的彼岸》，魏育青等译，前揭）

在谐剧诗人阿里斯托芬的《云》中，苏格拉底是主角。初看下去，阿里斯托芬似乎不仅要挖苦苏格拉底，还要控诉他误导青年，并认为他应该为古老德性和马拉松精神的衰败负责。施特劳斯曾在《苏格拉底与阿里斯托芬》[译按：中译见华夏出版社，2011]中研究过阿里斯托芬的所有作品，他在阐释中呈现的与其说是区分性的东西，不如说是贯通性的东西。

在施特劳斯看来，《云》与其说是在控诉苏格拉底，毋宁说是对苏格拉底"友好的提醒"，这个提醒"伴有赞赏和嫉妒"。这嫉妒不仅是针对苏格拉底的智慧，也是针对他不为公众毁誉所动的完美自由——不同于哲人，谐剧诗人依赖于公众的赞许。对苏格拉底的警示涉及公众与那些自然研究者之间的棘手关系。非哲学

---

[①] [译按] 本章第一节译文亦见"经典与解释辑刊"第8辑《苏格拉底问题》（刘小枫/陈少明主编，华夏出版社，2005），页170-180（胡慧茹译，凌曦校）。

的大众不会理解哲人，反倒会因为哲人的优越而心生嫉妒，会因为哲人的不合群而嘲讽哲人，最后，他们还会由于哲人对习俗的怀疑而迫害哲人。

要准确领会《云》，首先必须从整体上注意阿里斯托芬谐剧的一些基本特点。古典谐剧并不是闹哄哄的嬉戏。大尺度用语和可笑的描述都只是手段，[169]诗人借此可将最庄重、最高尚的事物变成思考和公共表现的对象。谐剧的严肃因素在于，它意图教诲正义和德性，但又不只是因循习传的观念。因此，就连诸神也不能幸免于被嘲笑。在此意义上，施特劳斯赋予谐剧同哲学一样的政治地位。阿里斯托芬认识到了退隐乡间、致力于令身体愉悦的生活的正当性。由此，公共性和私人性之间就出现一种张力。

> 因此，阿里斯托芬谐剧的主要主题、首要主题，就是作为政治共同体的城邦与家庭或家政之间的张力。

自然与法律或习俗的区分就以这种张力为基础，因为在阿里斯托芬看来，家庭和私人领域比起政治利益更为自然。不过，阿里斯托芬走得比这更远：他探寻习传的家庭行为准则，并且在比如《黄蜂》中质疑殴打父亲是不是犯罪：

> 因此，对基本对立的恰切描述是这样的：它是舒适性与正义及崇高性之间的冲突。那么，这种欢愉的、和平的、享乐的生活——阿里斯托芬眼中的自然生活——就要求成功地反抗诸神，因为诸神不仅严厉而且是惩罚性的。

施特劳斯用这个阐释来反对黑格尔，后者在阿里斯托芬谐剧中看到的是主观性对一切客观性和实质性、政治共同体、家庭、道德以及诸神的胜利。黑格尔认为，自主的主体会意识到自身是一切客观事物的源泉，[170]并令客观性回归于它。但施特劳斯认为，这一回归的基础并不是主体的自我意识，而是对自然的认识——因此也正是与自我意识相反的东西。

> 阿里斯托芬谐剧的基础是关于自然的知识，这对于古人而言即哲学。不过，哲学是一个问题，它不具有政治的或市民的生活方式。

阿里斯托芬对苏格拉底的警示恰恰针对这个方面。阿里斯托芬展示的，是在学园里教授自然科学和演说术的"前苏格拉底的"苏格拉底，这个苏格拉底不仅不信城邦的诸神，还由于极度缺乏审慎和自我认识而格外显眼。这样的苏格拉底在阿里斯托芬的戏剧场景中登台亮相，习传道德与习传神学的冲突在剧中得到解决。家庭与城邦之间的天然鸿沟必须以某种形式得到弥合，因为家庭并不是自足的，它需要城邦共同体。因此就存在某些习传准则，如禁止乱伦，这些准则迫使家庭为了遗传而向城邦扩张。习传准则——它们有助于弥合城邦与家庭之间的鸿沟——只有在通过引入诸神而获得神圣性时，才能发挥切实的作用。然而，这本身又颇成问题。于是问题在于，对于解决二者直接纠葛其中的问题，哲学和诗歌各自能够做什么贡献？

阿里斯托芬批评作为自然研究者的苏格拉底对正义问题漠不关心。像苏格拉底这样投身于自然研究的人并不会带来其他害处，这种看法虽然并无不妥，但是，苏格拉底忽略了一点：只有少数人才有能力过静观的生活。而且，对于自己漠不关心城邦生活所造成的巨大影响，苏格拉底充耳不闻——即便作为非哲人的常人会被苏格拉底的观点影响。[171] 苏格拉底并没有认识到他从事理论研究的大环境。因此，他缺乏审慎和自我认识。他的非政治性源于不智（Unverstand），故而，他面临危险。当苏格拉底在《云》中受到迫害的时候，他没有任何辩护的手段。自然研究和修辞术并不能赋予他政治力量。

相对于哲学而言，诗歌则是一种政治权威，因为诗歌可以凭借自身独特的方式影响公众。对施特劳斯而言，阿里斯托芬所表现的场景之所以意义非凡，原因在于，它使人们在政治哲学的创立者苏格拉底这个角色身上，领会到了哲学转向政治领域前的状况。它把政治哲学初创时的背景具象化，并且突出了政治哲学在内容上的一个重要特征，即哲人在其政治处境中的自我认知。阿里斯托芬所表现的，是一位研究自然之整全，但对政治事务一无所知的苏格拉底。哲学的意图使城邦超验化。由于哲学无法说服非哲人或者一般民众，所以它并非政治力量。

> 与诗歌相反，哲学无法使大众着迷。哲学之所以是极端非政治性的并且因而毫无艺术性、毫无爱欲，是因为哲学将人性的和瞬息即逝的事物超验化。它无法教诲正义的事物，而诗歌却可以。哲学要想成为正义的，就必须为自己补充政治性的——因而是艺术性而且是充满爱欲的——关切。哲学缺乏自我认知，而诗歌则是对自我的认知。

柏拉图认识到了这一问题，[172] 他让《法义》中的雅典异乡人承认，属人事物值得某种程度上的严肃对待。

哲学承认人类值得某种程度上的严肃对待，对这一事实的承认就是政治哲学或曰政治学的起源。倘若这种认可算是哲学性的话，那就必然意味着，作为纯粹属人事物的政治事物，对于理解作为整全的自然具有决定性意义。首先做到这一点的哲人是苏格拉底，他是从《云》中走出来的。

施特劳斯的这段话再次指出要衡量政治哲学的内在要素。不仅哲人的自我认知和为哲学生活辩护要求哲学政治化，着眼于整全的自然哲学的认知兴趣也首先要求哲学政治化。政治的转向倘若不与宇宙论问题联系起来，就是非哲学的。将政治领域和宇宙论问题联系起来的关节，是对目的的认知。将目的论原则引入有关整全的科学，是政治哲学的哲学贡献。也恰恰因此，现代方案废除了政治哲学，因为废除政治哲学可以"荡涤"自然知识的目的论原则。[1]

色诺芬的苏格拉底作品可以视为对阿里斯托芬的苏格拉底戏剧的回应。色诺芬笔下的苏格拉底不是天上和地下事物的单纯观察者，而是典型的政治教育者。他掌握着人们所能掌握的实践智慧。[173]这一点尤其体现在军事才能中，不过，不同于色诺芬作品中作为对极的居鲁士，苏格拉底并不愿意施展这种能力。他作为政治教育者的作用，是基于他懂得人与人之间由于禀赋和道德感带来的差异，并能够因材施教。苏格拉底懂得政治事物的本

---

[1] 《苏格拉底和政治学问的起源》，页139、141、146、149，页151及以下，页155，页157及以下；G. W. F. Hegel, *Phänomenologie des Geistes*, VII B. c.；尼采，《善恶的彼岸》，前揭，箴言28。[译按]中译参黑格尔，《精神现象学》(下卷)，贺麟/王玖兴译，商务印书馆，1981。

性，并且认识到它们不仅仅是理性的，也被激情和其他力量所决定。正如整全的智识异质性（noetische Heterogenität）所表明的那样，政治事物是自成一体的等级。在共同财富、为政治生活量身定做的正义以及私人财产之间，存在本质性差异，尤其当私人生活是一种哲学生活时。

> 苏格拉底是首位正确对待政治诉求的哲人，这一诉求的确是由城邦这个政治社会提出的。这也意味着他清楚地意识到这一诉求的局限。他因此区分了两种生活方式，一种是政治的，另一种则使政治生活超验化并且是最高的生活。在色诺芬及其笔下的苏格拉底看来，比起政治生活，超政治的生活更为崇高，但另一方面，他们也尽能力所及的一切来使人们尊重城邦、政治生活以及与此相关的所有事物的诉求。节制被证明是苏格拉底的独特品质。

节制是苏格拉底智慧的核心特点，它可以理解为认可整全的智识异质性，并认可政治与非政治之间的本质差异。节制会带来政治上的审慎，并把哲人引向其独特的政治活动。对于哲人而言，[174]节制首先意味着认可某些意见，但那并不是因为它们为真，而是因为它们有益于政治生活，这种生活正是哲学存在的前提。这就包括认可有关法定诸神的意见并尊重大众的虔敬，尽管很明显，哲人之为哲人，私底下怀有自己对宗教的个人看法。

> 政治事物并非真正至高的，但它是首要的，因为它是最为迫切的。它与哲学的关系，就如同节欲之于真正的德性的关系。它是基础，也是必要的条件。

苏格拉底政治技艺的一个特殊标志，就是色诺芬笔下的他所使用的一种独特辩证法。这种政治或者修辞的辩证法不是以探寻真理的"什么是……"提问开始，而是渗透到公认的意见中逐步展开，苏格拉底由此能够在众人中间得到很高程度的认可。得到认可的能力，而非带来真理的辩证法，才是政治技艺的核心。荷马笔下的奥德修斯具备这种技艺，后者能够以不同的方式对不同的人说话，而且能够以得体的形式采取不同的表达。苏格拉底问题就是哲学与城邦关系的问题。从阿里斯托芬的观点来看，哲学不能够解决这一问题，因为作为自然研究者的哲人缺乏对自我的认知和实践智慧；因此，哲学的品质是极端非政治的，因而也是"前苏格拉底式的"，它必须融合更广大的、由诗歌所掌管的整全。在谐剧的语境中，质疑公共宗教的权威显得更为容易，而不用在没有任何保护的情况下直面不敬神的嫌疑。

[175]阿里斯托芬的谐剧以自然与法律的区分为前提，因而，它是基于哲学的。但是，与哲学不同，它懂得凭借音乐和爱欲的热情来影响社会。因此，根据阿里斯托芬谐剧的自我理解，诗歌是实践智慧的根基和拱顶石，哲学可以在实践智慧之内找到一席之地。诗歌能够保护并完善哲学。色诺芬若想确保哲学的独立性和尊严，就不得不驳斥阿里斯托芬的要求。在色诺芬那里，苏格拉底问题具有另一种面相。政治生活与哲学生活的对立以及二者之间的权衡表明，苏格拉底完全意识到了哲学的政治问题。他的政治哲学，本质上是对这两个领域相互关系的规定。

对整全事物智识异质性的哲学洞见，首先认识到政治自成一体，它是存在者的独特领域，因此不能被约减为非政治事物。也就是说，人们必须认可并尊重城邦的要求，即忠于法律并信仰城邦所敬拜的诸神。但这不意味着城邦要求成为最高权威的诉求就有了充分的理由，因为如果那样，也就意味着法律意义上的正义胜过真正的德性，即"超法律的"（translegal）正义。进而也就意味着，哲学的诉求——能够为有关正义生活的追问给出真正的回答——是无效的。因此，重要的是澄清政治在哲学面前的地位。

> 关于政治的地位的判断，依赖于对政治加以分析的结果。[176]可以说，苏格拉底对政治的分析开始于法律现象，因为法律似乎是独特的政治现象。

城邦的存在与公民对法律的忠诚息息相关，因此，忠实于法律意义上的正义，就是不折不扣的政治德性；另外，政治统治的正当性似乎也与法律的存在密不可分。正当的统治是法律的统治，而非由某个个人或者杂众任意专断的统治。关键问题在于，法律是如何奠立的，由于受法律约束的统治者同时也是立法者，因而，他们是否制定好的法律就至关重要。由此，对正当与非正当统治的区分，就变成了对好统治与坏统治的区分。既然好的立法者的关键品性是智慧，那么好统治也就是智慧者的统治。这样一来，合法的统治权力就只能是基于知识，然而，知识又使智慧之士超越于法律：

> 具备最高政治智慧的人之所以是超越法律的，不只是因为他本身就是卓越法律的源头，同样还因为他具备无论多么智慧的法律所必然缺乏的灵活性。具备最高政治智慧的人是有眼可视的法律，而任何真正的法律在某种程度上都是盲目的。因而，真正的统治者的正义便不在于忠于法律或者法律的正义，引导他的必须是一种超逾法律的正义，是对人类有

神益的习惯，这会帮助人们变得尽可能好并且尽可能幸福地生活。

[177] 当政治技艺趋于完善时，它就超越了法律。它不是以习传的礼法，而是以自然正当为宗旨。尽管"自然正当"一词在色诺芬那里还未出现，但它完全是不成文法的概念。不成文法本身是得到普遍接受的法，只要有人触犯它，它就可以在人不插手的情况下惩戒破坏法律者。内在于属人天性的秩序是最高政治技艺的准绳。根据色诺芬对政治的分析——本质上同柏拉图相一致——政治问题能够在智慧之人的统治下得到解决。然而，另一方面，政治问题的真正维度也在这里凸显出来。智慧之人只能凭借自己的智慧施行统治，这意味着他依赖的是非智慧者认同他的智慧以及与之相关的统治诉求。然而智慧之人有着天然的局限。智慧之人单凭劝服技艺并不足以确保他的统治，而且，暴力手段在最佳政制中必须被排除在外。因此，智慧之人实际上只能间接地统治，这又表明间接的统治再次会成为法律的统治，而智慧之人以某种手段来影响其实现。

> 换句话说，必须用由于需要受人赞同而大打折扣的智慧的统治，替代精纯智慧不加限制的统治。

为了平衡法律的"盲目性"，必须由有能力的公民、政治家来阐释并推行法律。因此，对政治的分析就不得不作出政治妥协，妥协之所以必要，乃因政治生活在任何方面都或多或少是不完善的。故而，[178] 人们可以从对政治的分析中获得关于政治的地位的判断：政治就其本质而言，会因为必然受非智慧之人的赞同而对智慧造成损害，如此，政治要求成为引导属人生活的至高权威的诉求，就被证明是站不住脚的。德性或人真正的完美处于政治的彼岸，是超逾政治的（transpolitisch）。于是，即便哲学生活的必要性和优越性被视为确定无疑，政治生活与哲学生活之间的冲突仍然存在。色诺芬哲学的主题便是解决两者之间的冲突。他作品中的两极——居鲁士和苏格拉底，就是两种相互冲突的生活方式的代表。二者之间的张力在他的《齐家》中得到最为清晰的体现——《齐家》被誉为"他最为典型的苏格拉底言辞"。

《齐家》的核心是展现"完美贤人"，即Perfect gentleman。该词是对希腊文kalos kagathos aner一词的英译，后者的字面意思是"美好且善良之人"。这一表达及其英译基本上不可转译，因此，笔者在这里给出原文。对"完美贤人"的追问，代表了苏格拉底从只关心自身的自然哲学转向以来所关心的一类问题，这些问题涉及他感兴趣的伦理和政治事物，包括一些需要单独处理的问题，如"何谓虔敬？""何谓高尚？"等等。从这方面来看，以"完美贤人"为主题的《齐家》，也是色诺芬作品中地道的苏格拉底对话。

《齐家》表明，通过"完美贤人"的实践范例，苏格拉底认识到在属人事物中从事哲学活动的基础。[179]"完美贤人"的理想即政治生活的德性理想，包括健康、体格强壮、公共声誉、尊严、友爱、在战争中有尊严的安全以及光明正大的财富积累。在这里，政治生活与家政意义上的私人领域息息相关。相应地，"贤人"在开明的僭政中也完全可以幸福地生活。

"完美贤人"这一主题对苏格拉底而言具有多么核心的重要性，如下洞见就有多么关键：苏格拉底本身并非"贤人"，他也不愿成为"贤人"，除非人们给出两个完全不同的"贤人"概念，一个与常人所认为的"贤人"概念相符，另一个是苏格拉底式的，与智慧之人的"贤人"概念相符。苏格拉底完全不在乎声誉，他甚至容忍阿里斯托芬以及其他谐剧诗人给他编造的坏名声，他的形象是一个不着家、侃侃而谈往来于公众场合的可怜人。苏格拉底放弃了公众所看重的优越地位，甚至舍弃了以富有男子气概的德性形象示人，因为他是人，而非某个"男人"。"贤人"与苏格拉底是两种不同德性的代表：前者代表的是与实践或政治生活相宜的政治德性或俗众德性，后者代表的是在哲学生活中得到相应表达的真正德性。

苏格拉底式德性的卓越乃基于该德性的精神品质。苏格拉底基于自己的沉思懂得了何谓虔敬、何谓不虔敬，懂得了孰为高、孰为低。政治生活的德性需要一种雄心勃勃的天性，而哲学生活的德性则以好的天性为前提。二者所代表的教育方案也处于类似的关系之中。[180] 苏格拉底对何为教育有更好的理解，并且更懂得虔敬在教育中扮演着何其重要的角色。①

有关苏格拉底的第三个重要的信息"来源"即柏拉图对话，它们是卓越的政治哲学的见证，并由此与色诺芬的苏格拉底作品相区别，尽管后者有时也在寻找进入苏格拉底问题的富有历史色彩的途径。当说阿里斯托芬的、色诺芬的抑或柏拉图的"苏格拉底"时，我们只能谨慎猜想其背后的"历史的苏格拉底"。柏拉图主义者追求的是哲学真理，因此，"苏格拉底"就成了某种暗语，

---

① 《论僭政》，页55-57、97，页211及以下；《色诺芬的苏格拉底言辞》，页86、119，页129及以下，页148、159-162、165、167-170，页175及以下，页184及以下；《苏格拉底和政治学问的起源》，页162-164、167-169、171-176。

或者成了指代某事物的印记。"苏格拉底"指称的是"苏格拉底问题",即哲学和科学的政治问题。阿里斯托芬与色诺芬的对立,首先是"前苏格拉底的"苏格拉底与"苏格拉底的"苏格拉底之间的碰撞,换句话说,是对古典哲学的非政治的与政治的呈现。

然而,柏拉图的哲学远不止如此。尤其《王制》这部论城邦的作品,"如西塞罗的智慧表述,是对 ratio rerum civilium [政治事物根本品质]"的哲学"展示"。因而,施特劳斯认为,《王制》恰恰不像教科书所认为的那样,是对一种理想城邦的构想。相反,倒是《法义》这部讨论法律的作品提供了关于最佳城邦的构思,或曰对于人而言可能是最佳城邦的构思。就此而言,《法义》是柏拉图最为政治的作品,而《王制》则是其政治哲学的代表。那么,当我们说《王制》是"对政治事物根本品质的展示",而非一种理想城邦的构思时,到底意味着什么?施特劳斯认为,[181] 柏拉图关心的是阐明政治的根本局限。政治的界限在于超政治事物中(im Transpolitischen),在于所有以政治为前提同时在对正义生活的追问方面超越了政治的事物中。施特劳斯看到三种理解政治的根本局限的可能途径,即要么根据古典政治哲学,要么根据启示宗教,要么根据现代政治哲学或曰自由主义:

> 在苏格拉底看来,政治之威望所应归功的超政治事物即是哲学或者 theoria [静观],后者只有他所说的好天性(gute Naturen)才能进入,即具有某种自然禀赋的一类人。根据启示教义,人们经由信仰可以达到超政治事物,因为信仰不依赖于特殊的自然前提,而是依赖上帝的恩典或者上帝的自由拣选。而自由主义认为,超政治存在于几乎所有人类都禀有的事物之中。自由主义思想的经典表达是,政治社会尤其是

为了捍卫人之权利而存在的——这些权利所有人都拥有的，无论其自然禀赋或能力如何——这就使它闭口不谈上帝的恩典。

上述看似不经意的评论很值得注意，它表述的不是领会超政治事物三种等值的可能性，而是与三种不同的人性观相联系的三种不同立场，或曰三种对政治本身的否定。政治自由主义或曰现代政治哲学认为，政治社会构想的首要任务是推行或保障在人类"自然"（存活）诉求方面的人类前政治的平等，就此而言，[182] 它只能把政治理解为一个次政治的功能。因此，政治在工具论意义上被阐发为一种"理性"结果，由设想中充满敌对的自然状态所导致，就此而言，政治是次要的。

而根据启示宗教的说法，超政治事物是关乎神性救恩事件的超政治（überpolitisch）领域。就该领域关键的运行原理是全然不受人类影响的神性行为而言，它与前政治的以及政治的领域无涉。尽管两个领域之间有先知学（Prophetologie）作为中介，但是在政治与超政治事物之间，并不存在原则性的功能关联。

只有苏格拉底对于超政治事物的看法才认可了政治本身。政治的边界并非对政治而言陌生的事物，比如神性救恩事件，或者保护占有财产的个人免受政治侵害的私人领域；政治的边界是在哲学中对人之天性的完善，且这种哲学的出发点正是作为认识整全之密钥的政治。唯有苏格拉底的关系界定没有将政治排除出去，相反，它认可城邦的必要性和价值。在认知上，城邦对于哲学的认知努力不可或缺；在道德上，城邦是常人德性的应用领域，是那些不具备过哲学生活的自然前提的人们眼里完美阶段的参照系，因此它也不可或缺；在实践上，作为哲人实存的前提，城邦仍然不可或缺。

因而，对于古典政治哲学来说，超政治并没有背离政治，相反，它虽然使政治超验化，但未遗忘政治是它的前提。[183]尽管如此，城邦之于哲学的开放性之所以必须与城邦之于哲学的封闭性相伴，是因为若不然，它可能会无法满足邦民的目的，并且总体上无法运作。使政治理性化的界限是存在的，它就是理性的界限，认识这一界限并从张力关系中得出正确的结论，意味着理解政治事物的本性。正是在此意义上，《王制》是戴着理想城邦构想的面具而"对政治事物根本品质的展示"。

对此，只需要强调如下几点来进行说明。《王制》是建立在言辞中的城邦，它所描述的城邦之所以必须先被构建起来，是因为它所描述的是一个从未曾有过的、本质上正义的社会秩序或曰完美的理性社会。这一图式要求每个邦民具备完美的人类正义，这几乎等同于要求人们放弃任何私利，并且明达地进入一个自然差序制度，其顶端是作为绝对统治者的哲人。只有如此，并且只有不考虑作为一切社会化的自然局限的身体性，人们才能理解正义城邦的彻底共产主义。与色诺芬的苏格拉底一样，柏拉图的苏格拉底也面临着同样的问题：面对非智慧者的统治诉求，如何不借助物理上的强制手段——即哲人不施加僭主式的强力——来实现完美理性社会中哲人的绝对统治？

只有借助"高贵修辞"的说服技艺方才可能，施特劳斯在《关于马基雅维利的思考》中称之为"谴责性或惩戒性修辞"，这种修辞会使用具有针对性的"谎言"（Unwahrheiten），[184]并且必须由演说家或诗人在哲人构思的纲领框架之内来进行。这即是非理想事物进入貌似理想的理性社会秩序范式的切入点。

即便理性社会，即符合真理和自然的社会，没有基础性的谎言也是不可能的。

施特劳斯用这种方式让人们注意到《王制》中一个引人注目之处——在他之前只有阿尔法拉比给过同样的暗示——即忒拉叙马霍斯，这位在有关正义的开场白中与苏格拉底立场相反的演说家，之所以与苏格拉底建立友谊并一同融入"理想城邦"，是因为，"只适合哲人与精英交往的苏格拉底道路，必须与适合哲人与大众交往的忒拉叙马霍斯道路联合起来"。

忒拉叙马霍斯含混的立场对应于《王制》里中等灵魂即thymos［血气，勇气］的中心位置。"血气"是某种活力，[①]它并不主动指向某个最终目标，而是可与不同力量联合。血气既可以使城邦事业，亦可以使属灵的事业成为属己之事，较高者与较低者在它身上融为一体，它是连接哲人与大众的纽带。《王制》对于忒拉叙马霍斯的含混态度说明，在对于阐释柏拉图对话而言极为关键的行动层面上，这种态度围绕的是修辞术的强项和弱点，并最终表达了总体上对于理性与言辞的本质性限制，以及由此对于政

---

① ［译按］thymos一词无论在西方语文学还是哲学语境中都是个棘手的词汇和概念，从古典语文学家Norbert Blößner对亚里士多德《政治学》中thymos一词的疏解便可见一斑，参其《作为好感促发者的血气：亚里士多德〈政治学〉卷七第七节一处孤例及其疏解》（Der Thymos als Urheber der Zuneigung. Ein singulärer Beleg［Arist. Pol. VII 7］und seine Erklärung, in: *Grazer Beiträge 25*, 2006, S. 115–152）一文。关于"血气"可参John S. Treantafelles,《美德可教吗：政治哲学的悖论》，见《美德可教吗？》（"经典与解释"辑刊第9辑，华夏出版社，2005），页2–24；以及辑刊第18辑《血气与政治》，华夏出版社，2007；关于概貌亦参《哲学历史辞典》（*Historisches Wörterbuch der Philosophie*）卷十"血气"（Thymos）词条。

治事物本性的洞见。最终，只有对于那些用正确方式培养理性的人即哲学性的个体而言，正义才是可能的，无论他生活在何种品质的城邦中。反过来说，政治共同体的品质也不会因为常人完全不能达到正义而有所损害。

[185] 过正义的生活，意味着过隐退的生活，即最为典型的退隐生活，哲人的生活。

认识到政治事物永远低于个体所能达到的完美，对于理解政治至关重要。柏拉图对所有哲学问题的探讨都着眼于"何为正义的生活方式？"这一基本的苏格拉底问题。哲学生活在那里被证明是完全正义的生活方式。

最后，柏拉图对自然正当的定义直接基于如下事实，即唯一完全正义的生活是哲人的生活。①

某种意义上，理性的起源和界限问题亦是苏格拉底问题或者根本的古典政治哲学问题。古典政治哲学意图解决的问题、意图超越的障碍，就在阿里斯托芬从政治视角批判哲学时所刻画的苏格拉底身上，该视角旨在限制哲学思想在融入自律的诗歌时的独立性。因而，与古典哲学冲突的对立模式就不是备选性的政治哲

---

① 《柏拉图〈法义〉的论辩和情节》，页86；《自然正当与历史》，页125及以下，页161；《关于马基雅维利的思考》，页296；《阿尔法拉比的柏拉图》，页364，页376及以下；《苏格拉底和政治学问的起源》，页184-188、190-192；Cicero, *De re publica* 2, 52。[译按] 中译参西塞罗，《论共和国》，王焕生译，上海人民出版社，2006。

学，而是自律的诗歌。从而，一方面，哲学必须倚赖作为"辅助技艺"的诗歌，诗歌能够凭借"高贵的谎言"对哲学与政治领域进行调和；另一方面，哲学又不得不拒绝自律的诗歌想要教导正义并以此解决政治问题的诉求。由此来看，哲学与诗歌的复杂关系一览无余。

在这种状况下，哲学与诗歌也有许多吻合之处。[186]诗歌的主题是属人的灵魂，它掌握着一门有关灵魂的知识，故而施特劳斯称其psychologia kai psychagogia［理解灵魂并引导灵魂］。这恰恰也是柏拉图哲学的主题。

> 柏拉图哲学的核心、arche［始基］、基础性原则即是有关灵魂的学说，而这一核心或始基与诗歌的主题相一致。

另一个更大的一致性表现在柏拉图哲学的对话形式，它类似于戏剧或者诗歌。柏拉图不仅要求诗歌必须是一门"辅助技艺"，他在呈现自己的哲学时也从艺术领域选择了非自律的辅助手段，哲学和诗歌在这里都应该为理解人的灵魂服务。柏拉图所呈现的哲学之所以会如诗歌一样触及整全的存在，是因为它的确更愿意被视为对真正属人问题，即关于幸福问题的真正解答，从而被视为一种生活方式，而非一种学说。二者唯一的区别可能在于，诗歌代表了其他那些差一等的生活方式，并且把解决属人问题的哲学排除在外。在柏拉图和亚里士多德眼中，属人问题无法用政治手段得到解决，而只能凭借哲学和哲学生活方式来解决，就此而言，诗歌要逊色于哲学。①

---

① 《苏格拉底和政治学问的起源》，页193-196，页202-205。

## 2 自然正当与历史

表面上看,历史性的《自然正当与历史》致力于深入理解苏格拉底问题和政治问题。[187] 该问题初见于阿里斯托芬刻画的苏格拉底形象之中。阿里斯托芬借苏格拉底形象攻击整个哲学的政治缺陷,并以此为诗歌声张在诸如正义和灵魂以及生活指导等问题上的权威性力量。苏格拉底问题的另一面,则表现于色诺芬和柏拉图对阿里斯托芬的哲学回应。他们展示了哲学的政治意识和重要性,并证明苏格拉底问题背后的属人生活的基本问题无法通过政治手段解决,以此为哲学的领导权辩护。

只要是从人天然的完善性来审视属人幸福的问题,那么就连"理想"国度中的"理想"政治答案也不会是这一问题的答案。鉴于现实状况,即便是以真理和自然为准绳的"理想城邦",倘若没有谎言也将无以为继。因此,正义生活便不可能是政治生活,并且因此也不是诗歌所认为的生活方式。

属人问题的答案必须是超政治的。然而,对政治的超越不能像启示宗教或者现代思维所追求的那样,最后造成排除政治或者使政治中立化的后果。由于人天生是政治动物,任何排除政治的做法都必将误入歧途。故而,人们必须建设性地把握哲学与政治之间的张力并调和二者,这也为哲学的政治维度提供了理据。因此,有必要追问:如何恰切地表现政治哲学源初主题范围内——即自然正当之中——政治与哲学二者的关系?自然的发现与哲学的创立同样古老。政治生活本身所关注的自然正当问题,[188] 也与政治哲学的肇兴一样古老。因而,施特劳斯基于观照苏格拉底问题而对自然正当的研究,强调的是哲学与政治之间的关系。

那么,应该如何理解"古典自然正当"中的"自然"一词呢?

"自然"从一开始便是哲学的主题。荷马作品中只出现过一次相应的希腊文表达，即physis。奥德修斯曾说，赫耳墨斯从地上拔起一株药草，并通过描述它的外貌、"举止"或"生活方式"以及与之相对的人和诸神的举止，来解释其Natur［自然、性质］(《奥德赛》10.300-310)。[1]"自然"一词最早的意思是一类事物的外形和力量，这些事物既不是诸神也不是人创造的。此外，还存在另一些事物，人们说它们是"天生的"（von Natur），因为它们作为最早的事物并不是被生的，反倒是其他一切事物都由它们而生。

古典的"自然"概念主要有两层意涵。它首先指"某一事物或某一组事物的生存方式或者本质特点"，其次指"最先的事物"。最先的事物是永恒、不流逝和不变易的，而且具有明显的必然性。它们不是基于习俗，而是作为其他事物的终极因，享有比其他事物更高的尊严。它建立的秩序是并非永恒之存在者（das Nicht-immer-Seiende）栖身之所在。关于不同"自然"的知识包含认识它们的局限性。"自然"一词首先表达的是区分。在源初意义上，它不同于"伟大的大自然母亲"这一说法，后者指包括一切现象的整体。源初的"自然"指的是诸多个别事物或者事物的纲目，它们作为整全的组成部分相互区别。

［189］由于"自然"是关于最先事物的概念，因此，"自然"概念除了区分性的功能之外，还有第二种功能，即作为准绳。最先事物优先于其他事物，因此，一种以最先事物为准则的生活方

---

[1] ［译按］Natur［自然］一词在王焕生先生译本中译为"性质"，参《奥德赛》，王焕生译，北京人民文学出版社，2003，页183。"自然"（Natur）在西方语文中也常常被理解为或用作"本质、本性"（ousia），即意味着有某种恒定不变的东西在（参刘小枫，《海德格尔与中国》，上海：华东师范大学出版社，2017，页191）。

式，亦优先于其他诸种生活方式。自然成为正义生活方式的准绳，并且同时成为价值判断的前提。当施特劳斯称现代哲学是"对自然的革命"时，他并不仅仅是指现代科学对"自然环境"意义上的"自然"的统治诉求，也是指现代对根基性的自我认知发起了总攻。这种自我认知认为，正义的生活方式有其天然的局限，并且隐含着不可解决的政治困境。

对自然的革命同时也是对哲学的革命，这种哲学在人所处的政治困境中发现了"自然"，并由此使哲人摆脱了权威。这也是施特劳斯批判霍布斯的重心所在。霍布斯"坚定不移地"接受了政治哲学不仅可能而且必要的观点，但未加检验；假如霍布斯曾加以检验，那么，他很可能会发现，他的政治享乐主义及其理论架构抽掉了他脚下自以为可以立足的根基。对哲学的革命也是对作为自然和正义生活方式的哲学生活的攻击。循环不止。①

对于施特劳斯的自然正当阐释而言，具有关键意义的是如下古典看法：自然正当学说与至善政制学说相重合，并且具有根本的政治品质——启示宗教的影响尤其模糊了这一特征。[190]人们必须联系如下这点来理解古典自然正当的政治特征：在古典哲学看来，相较于政治生活，哲学生活在本质上具有更高的尊严。这导致了核心的困难：

> 如果人的终极目标是超政治的，那么，自然正当似乎就具有超政治的根基。

---

① 《政治哲学史》导言，页2；《自然正当与历史》，页84，页85（脚注3），页91及以下，页173；《重生》，页252；荷马，《奥德赛》10. 302-306。[译按]中译参荷马，《奥德赛》，王焕生译，人民文学出版社，2003。

五　苏格拉底：政治哲学的起源和复兴　163

但很显然，自然正当的政治品质不允许人们接受一种超政治（transpolitisch）的根基。因此，施特劳斯提示，在古典视域中，人的本性与人本性的完善——即德性——是两种不同的事物，所以，自然正当学说不能片面地只在对人之本性的研究中探寻其基础。作为狭义上的政治学说，它应该在有关正义的观点中寻找其辩证性的出发点。以这种方式，施特劳斯所展示的古典自然正当学说，向人们揭示出古典政治哲学典型的双重面相。也就是说，既存在一种显白的版本，也存在一种隐微的版本。所谓的廊下派自然正当学说，尤其体现了显白的、应用于政治公共场合的版本。这就解释了为何施特劳斯能够总结出"苏格拉底—柏拉图—廊下派的自然正当学说"，并由此提出一种前人从未看到过的关联。

西塞罗继承了廊下派的自然正当说，现代的历史主义阐释却视西塞罗为附庸而将其忽略，这在施特劳斯看来是误导性的做法。之所以说是误导，因为西塞罗曾专门强调了他的对话的隐微特征。伴随着古典自然正当说之隐微—显白面相的，还有其他含混性。哲学的苏格拉底式基础，专注于研究自然事物和所有其个体不同于其他个体的事物，因此，在施特劳斯看来，苏格拉底的哲学在根子上并不是形而上学的，[191]因为这样说就意味着将注意力直接放在有关整全的知识之上。苏格拉底眼中的人首先是处于同他所属之事物的纲目关系中，即处于同人类社会的关系之中。因此，个体的人在双重意义上是整全的一部分：一方面是作为整全的类别的成员，另一方面又是整全本身的组成部分。问题在于，个体在何种程度上不仅直接超越其所属类别，而且直接对整全敞开。作为政治学说的自然正当说从有关正义的不同意见出发，并在辩证性的探讨中来对之作出澄清。

施特劳斯在论及古典自然正当的章节伊始就指出，Common

Sense［常识］是苏格拉底政治哲学、苏格拉底辩证法必要的立足点，就如同一般来看，意见是政治领域的因素那样。古典自然正当在这个层面上似乎恰恰不是"本体–规范性的"，那些在近代政治科学中研究自然正当学说的人受到责备正在于此。相反，它是政治的，因此，要政治地研究。故而，在描述苏格拉底—柏拉图—廊下派自然正当学说时，施特劳斯正是按照所要求的方式，使用了辩证的方式，把两种最广为流传的关于正义的意见之间的矛盾，推进到自然正当学说原则性的自相矛盾。他的辩证思考首先得出一个著名结论，即智慧之人必须进行绝对的监督。由此他已经指向一种正义观，它使法律权威超验化。

一旦法律的约束性框架被打破，［192］思想的辩证推进就会直接得出由完美之人组成的共产主义普遍社会。由于政治德性或者市民道德是自相矛盾的，所以城邦势必变成普遍社会。在正义的社会中，只有功劳原则才能决定社会的差序等级，而只要市民社会在民族性上是封闭的，出身原则就会破坏功劳原则。此外，市民社会的民族封闭性使敌友区分成为必然，这一区分直接导致市民道德自相矛盾：政治社会内部所批评的非德性，在对外战争条件下又不得不被视为至少在部分程度上是有利的并受到赞成。因此，稳固的正义社会就被迫转变为世界国家，这便会带来超越政治的神学后果。

> 但是没有人，也没有任何一群人能够正义地统治整个人类。因此，当谈起"世界国家"这个只服从于唯一的属人统治、无所不包的属人社会时，人们所知道的，实际上指的是由上帝统治的宇宙。这个由上帝统治的宇宙，之所以是唯一真正的城邦或曰完全符合自然的城邦，乃因为它是唯一真

正正义的城邦。只有当人是智慧之人时，他们方能成为生活于其中的邦民或自由人。他们对赋予自然城邦以秩序的法律——即自然法——的顺从与审慎是相同的。

对于一个想要尽可能精确地表述苏格拉底—柏拉图—廊下派自然正当学说品质的思路而言，这是个令人吃惊的结论。施特劳斯以一个脚注——全书最为详尽之处——结束了本段，他在脚注中如是说：

> 许多柏拉图阐释者没有充分注意到如下可能：[193]柏拉图的苏格拉底的愿望恰恰既在于对何为正义的理解——也就是说在于对正义问题整个复杂性的理解之中——同样也在于对正义的教谕（Lehren/preaching）之中。

既然"应理解苏格拉底"这句话暗示了整部《自然正当与历史》的意图——这一暗示来自"导论"几个章节的开篇表述，以及论"自然正当观念的起源"和"古典自然正当论"这两章内容——上述说明就应该得到最大的重视。但是很遗憾，这一暗示未见于目前唯一的德译本。能否说，施特劳斯本人所关心的，与其说是宣扬某种自然正当说，毋宁说是整个复杂的自然正当问题以及海德格尔对政治哲学的拒绝？古典自然正当说是政治的，而非法学的、纯粹哲学的或者伦理学的教条。作为政治学说，它涵括了对市民道德层面正义问题的研究，这种道德由于其内在矛盾而远远超出自身范围。这段需要得到讨论的段落，其论证最后如此结尾：

> 据说，若不存在神性统治或者天意，那么，就不可能存在真正的正义。

自然正当学说的政治问题的至难之处在于，找不到对根本窘境的政治解决办法，这个问题在这里与宗教问题相勾连，强化为神学—政治问题。对此，施特劳斯曾言，这是他自斯宾诺莎研究以来的诸多研究的真正主题。它首先对于哲学和哲学生活而言是个问题。在接下来的章节中，施特劳斯自然而然地转向求助哲学的解决方案。[194]自然正当学说只是理解正义这条路途上的一个阶段。

解决办法会令政治生活领域超验化。神学给出的解决办法是顺从宗教规定的律法，除此之外还存在其他令政治领域超验化的理由，当然，施特劳斯在这里只是"暗示"出这些理由。它们需要在哲学生活——作为真正自然的生活——的要求中去寻找。不过，哲学生活会彻底地质疑公民道德。它打开了正义、德性、道德的另一个维度，不同于鄙俗的公民道德，该维度发源于不同的根系。哲学生活的真理，还有承载这种生活的智识德性的真理，以及与哲学生活密切相关的天然正义（das Rechte），这些都与政治的自然正当处在一种革命性的对立之中。政治的自然正当基于较低的原则，它是显白和弱化的版本。

> 自然正当会成为公民社会的烈性炸药。

这句话准确描述了哲学与政治之间的关系，以及哲学的政治危害和政治责任。这不可避免地导致自然正当与习传正当、对智慧的要求与对赞同的要求之间的妥协。政治性的善在于哲学诉求的彻底降低，降低到至少可以为外界所接受，这种降低"在清除大量的恶的同时，却不动摇巨大偏见的根基"。①

发现了自然与习俗之间的区分之后，还必须追问政治领域中自然事物的广延问题。狭义自然正当的根基型塑了人的自然社会性，其效力首先表现在人的理性和语言能力中。在前理性领域中，[195]人类也表露出对同类的原始同情（Geneigtheit），它体现于比如爱、好感、友谊以及怜悯。古典哲学并不将这些情感解读为由基因和进化所决定的、提升人类自我优势的工具，而是视之为人对共同生活的原始倚赖的结果。如果将合群性视作属人生活的原则，那么真正的社群德性（Gemeinschaftstugend），即正义，对人而言就是自然而然的。

灵魂的正当秩序，即正义，可以使个人很好地融入社群并促进公益。正义和正当的自然性，同时隐含的是天然自由的界限。并非一切可能的事物都是被允许的，每个人都在某种程度上知晓这一点——他的"自然良知"会告诉他。"因此，节制就与自由一样，同样是自由和原始的"。首要问题是：是否存在一种天然的正当，即自然正当？此问题的前提是，健康或智能等事物对于人而言天生是好的——谁会怀疑这一点呢？

> 故而，详细的质问涉及的是被人广泛承认的权利：该权利只是特殊社会（即基于契约或所达成的一致性的社会；权利的有效性来自先前的契约）共同生活的条件吗，抑或，是否存在人与人之间的正义——一种并非来自任何人类商讨的

---

① 《自然正当与历史》，页127-129、148-159，页160及以下；《自然正当与历史》（英文版），页145；《霍布斯的政治哲学》，页7。

正义？换言之，正义只是基于对共同生活优点的考量，抑或，它是出于自身之故而值得选择，因而是"天然的"？

天然正当的设想可能会导致一种自然法的观点，［196］它高于习传的法律——

> 自然法指的是那种决定何为正确、何为错误，天然便具有效力或者内在地（即时时处处）有效的法则。

人们必须仔细审视physei dikaion［自然正当］和nomos tes physeos［自然法］的区分，尤其在总的古典自然正当中——施特劳斯称之为苏格拉底—柏拉图—西塞罗式的自然正当。他认为，自然正当只能有条件地理解为法学性的（legalistisch）。对自然正当的洞见，并不能跟认识绳之四海而皆准的行为规范挂钩。自然正当并不表达任何法律性的规范，似乎它禁止某些行为而允许另一些行为。自然正当依据的是整全事物的秩序——

> 虽然存在一种绳之四海而皆准的目的等级，但是并不存在绳之四海而皆准的行为规则。

将某个决断情形中的各种竞争性目的关联起来，可以对行动进行成功定向。这时，对于决断而言具有决定性的绝不仅仅是目的的级别，还得考虑既定情况下实现目的的紧迫性。紧迫的事或许要先于级别更高的事。不过，也不存在一种放之四海皆准的行为准则，来规定人们必须承认某一具有紧迫性的目的具有无条件的优先权。唯一普遍有效的尺度是目的等级（Zweckhierarchie）。因此，我们的义务就是，只要我们有能力，就应该把最高的活动看作我们最为紧迫和必要的事业。

我们天生就被要求将我们最高的可能性视为最紧迫的。然而，个体的条件极为不同，它们只能使每个个人专注于他最高的人性并为之努力。因而，紧迫性不能总是想当然地重压在我们最高的可能性之天平上。[197]普遍的目的等级作为尺度，足能对属人领域的现象作出价值判断，但并不足以无所不包地指导我们的行为。古典政治哲学赋予自然正当学说关于最佳政制的结构性认知形式，从而使人们认清上述情形。一种如此构想的、政治操作上极为克制的"学说"，在政治事务的管理上仍需要政治家的技艺来补充。①

柏拉图从习俗主义的对立面出发，为自然正当辩护。根据施特劳斯的阐释，自然正当在一个面相上可以等同于正义的"本相"，即正义本身。当每一个人恰如其分地完成了属于自己的任务时，就会被赋予正义。就小的方面而言，这适用于人类灵魂的各个部分，就整全而言，这适用于市民社会中的个体。与传统的享乐主义观点相反，对于古典自然正当来说，善并不等同于舒适。这一思考的出发点是如下观察：需求先于享乐，应鉴于需求的差异性来理解不同形式的享乐。可以看到，不同生物之间存在着一种需求上的自然秩序，比如一头驴子的需求与人的不同。需求的自然秩序本身反过来又指出生物的自然状况。存在者之实质，即它源初的形象，在这里表露无遗。某一存在者独特的生存方式及

---

① 《自然正当与历史》，页133及以下，页167、168；《柏拉图式政治哲学研究》，页137及以下。

其独特的行为，与它独特的状况相符。存在者的完善过程及其好品质，取决于它是否能恰切地按照属于自己的方式生存并且完成自己独特的行为。[198] 只有它能这样做，才称得上"有序"。

属人灵魂由三个不同的部分组成，即理性、血气以及欲求。只有当灵魂的每个部分很好地完成了自身分内的功能时，整体的人才是正义的。就如只有当城邦的各个部分相互协调地发挥着各自的功能时，城邦整体上才会"有序"，出于同样道理，人也只有这样才会健康并且"有序"。各个部分必须发挥自己的独特用途，并且达到属于自己的完善。一个好人根据自身的自然状况去生活，并且遵循着由自然秩序赋予他的需求和兴趣。如此理解的话，善的概念就不再是道德德性的概念，因为德性的影响范围是政治领域。

根据柏拉图的理解，人的自然状况的等级秩序是广义的自然正当的基础。身体与灵魂的区分在这里也起到很大作用，否认这一区分只会造成自相矛盾。属人灵魂的特殊标志在于其语言和理性能力，即有logos[逻格斯]的能力。从需求的权威自然秩序来看，它是独特的、基于行动的、富于理性的灵魂的作品，对于人而言的善就寓于其中。真正的好生活——这也是一切哲学的根本追问的目标——就在于，在最为可能的程度上并以适宜的顺序去满足属人的自然倾向。善的生活是深思熟虑的生活，人的最佳能力会在其中发挥成为完美的有用性。按照施特劳斯的解释，规定了好生活的一般特征的规则，就是广义的"自然法"。[1]

为了达到自己的完美，[199] 人的社会天性要求他生活在最

---

[1] 《自然正当与历史》，页130及以下；《柏拉图式政治哲学研究》，页138。

佳形式的社会之中，这一社会最能促进他的卓越。古典哲人在描述公民社会时使用的表达是politeia。施特劳斯试图阐明，不能按照现代"宪法"的法学意义来理解这一概念。政治社会的生活方式最终不依赖于"宪法"，而是依赖于人，是人承载着共同体的重负和义务。一个社会的"生活方式"与该社会赋予自身的政制紧密相关。任何社会里都有一些被视为卓绝的、最值得敬重的并且最值得赞叹的事物，这也可能是某些行为和习惯。而那些能最佳地体现一个社会公认的卓越事物的行为和习惯，在这个社会看来就是优秀的，并且会被赋予特殊的荣誉。

> 这就是说，任何社会都视某种人的类型（或者某些类型的人的混合）为权威性的。

这类人的权威是如此实在，以至于这种类型的人在社会中承担着决定性的公共责任。他们塑造了政制。政制同样取决于，卓越地代表了社会价值的人是老百姓，是神职人员，是成功的商人或经济家（Ökonomen），还是军人抑或"贤人"。权威人物总是能够决定政制。"贤人"为哲人所设计的最佳政制祈祷，他会深切期望，但不会强求。合乎自然的政制在最高程度上可欲并且可能，而不用先行清除人性的不足或改变人性的状态。然而，其纯然的可能性并不确保它能成为现实，[200] 相反，其实现是极不可能的（unwahrscheinlich）。因为，人不能够掌握乌托邦得以实现的种种条件。他无法强求幸福和偶然，他的力量原则上是有限的，因此，他必须估计到，必要充分条件从来都不会得到满足。尤其在柏拉图《王制》的阐释方面，对施特劳斯而言，解明最佳政制的乌托邦品质才是关键——

> 它的本质是，它存在于言辞而非行动之中。

实现最佳政制需要最优越的条件，而这些条件的出现极不可能（unwahrscheinlich）。只有在最优越的条件下，最佳政制才可被视为正义且因而是正当的。因为在一般状况下，它缺乏任何正当性。只有在严格符合特定状况时，这样的政制才会是正当并且是正义的。一个并非完美的政制在具体情形下，可能只是代表着某一社会问题唯一合理的答案。此时此地的秩序问题需要此时此地的解决办法。只有当上述满足正义、高尚、德性生活的物质前提以及教化的前提得到实现时，至善才可以企及。①

根据施特劳斯的解读，对于古典哲人而言，最佳政制之所以是智慧者的绝对统治，是因为，智慧为符合自然的至高统治权提供了理据。这寓于正义概念之中，根据此概念，只有与其他人或者与作为整全的城邦分有对他而言善的事物的人，才是完全正义的。然而，这只有智慧者或者哲人才能做到，只有他才是真正正义的。

> 有一种关于德性和其他善的事物的自然秩序，这种自然秩序是立法的准绳。因此，可以说，[201] 柏拉图意义上的自然正当首先是诸德性——作为对属人灵魂的自然完善——的自然秩序，进而相当于其他天然为善的事物的自然秩序。

智慧者的绝对统治不应受制于任何监督，因为，从理性上来

---

① 《自然正当与历史》，页140-145、148、186、189、196、207、208；《论僭政》，页208。

看，一位智慧者如何对一个由激情摆布的非智慧者负责呢？另外，从财产、从妇女与儿童的生活方式以及从人类完全的平等来看，一种绝对的共产主义也许就是必要的。从德性的自然秩序中产生了人之间的自然等级，也就是说，自然正当决定了最佳政制。[①]

智慧之人的统治很快便证明是不可行的，除非非智慧之人自发地赞同智慧者的统治权，并且自愿服从。想要用言辞使非智慧之人信服这种统治形式最能促进他们的福祉，似乎不会有什么成效。倒是极可能有人只是装作有智慧，利用修辞技巧和政治许诺说服大众选他为统治者。正是因为某个僭主可能会粉墨登场，以其自诩的智慧建立绝对统治，所以，必须在切实可行的统治中嵌入权利平等和赞同等民主因素。既要求智慧又要求赞同，这个双重要求同样是需要从制度层面解决的政治问题。于是，施特劳斯得出结论说：

> 古典自然正当学说的特征是，它的制高点在于对最佳政制问题的双重回答。绝对的最佳政制是智慧者的绝对统治，实践上的最佳政制是法律治下的贤人统治或者混合政制。

[202] 融合了君主制、贵族制以及民主制的混合政制理念，是面对政治现实时的必要妥协。最佳政制学说和混合政制学说并举，对于古典政治哲学的自我理解十分关键。

> 赞同要求受法律保护的自由，因为自由在这里既意味

---

[①] 《自然正当与历史》，页145及以下，页207；《柏拉图式政治哲学研究》，页139。

着所有非智慧之人——他们能够获得一般的或者政治的德性——参与政治统治,亦意味着他们对私产的占有。法律永远只可能是智慧判断的近似物,但是,它足以勾画出寻常的或政治的德性的要求,以及关于财产、婚姻等等的规章。[1]

古典自然正当思想是一种极为审慎、灵活、政治的学说,然而其影响被现代的自然法学说远远超越。古典与现代的自然正当在影响上的不同,乃是基于政治哲学在现代所经受的实质性变化。施特劳斯暗示了古典与现代的自然正当的五个典型区分,谨勾勒如下。

一、霍布斯将现代自然正当学说置于方法论的唯物主义中,认为能够"以几何方法"从一些前提派生出自然法,这些前提寓于假设的人之自然状态中;也就是说,首先从自保的"权利"和对暴死的恐惧这类前提派生出自然法。根据现代哲学方法论——建构主义的基本观点,"自然法"就不再是天然的。毋宁说它是来自属人理智的机械产物。[203] 它只是一种结论,一种有用的理论,一种并非寓于事物本身的概念。现代自然正当说的"人为自然"处于一个发展过程的开端,此发展贯穿了"发现历史"和激进历史主义,直至哲学的终结,因为哲学是基于"发现自然",与由人建构的或者宗教性的权威相对立。

二、现代自然正当将重心从政治领域转移到法学领域。17世纪,以霍布斯的自然正当学说为前提,"自然公法"发展成为一门新的学科。将权力转渡给某个权威,不再依据合目的性考量——

---

[1]《自然正当与历史》,页145-147、157;《柏拉图式政治哲学研究》,页139。

这样的考量应在最佳政制需求与具体状况之间做出平衡——反而基于权利的考量。以自然法为基础，人们赋予至高的权力以主权权利。主权说是一种权利说。权利学说将政治哲学的诉求，即掌握综观最高政治可能性的清晰视野——它可视为治邦者具体行为的准则——降低为对正当（legitim）政府和在任何情况下都能发挥作用的社会秩序的兴趣。

现代政治哲学追求的是对人类问题普遍有效、永久且无论如何都可实现的政治解决办法。这样做的结果就是，政治理论欲求越来越多的竞争力，远多过它本身能够正当地要求的。它不再认为有必要区分理论和政治家技艺。由此带来的结果是一种悖谬的发展。自然正当学说通过转变为"自然公法"而被去政治化，与此同时，[204]它也在相反的外部条件下被彻底政治化。而与政治的对抗曾促使古典哲学去节制、克制并审慎从事。

现代人认为，用几何学方法构建的理论可以直接转化为实践，就如同诸种状况在个别情况下所表现出的那样。这种理论与权力结盟，并以此方式赋予"政治哲学"全新的意义。施特劳斯称这种夸大的诉求为"教条主义"（Doktrinarismus）。一旦哲学理论开始否定具体状况的偶然性，并否认实践政治家的判断力，那么，它就有陷入顽固而盲目的狂热和有失偏颇的危险。

三、自然正当学说中源初的政治维度逐渐消失，体现为现代自然正当学说从市民社会中清除了由自然正当规定的领域。现代的自然正当领域是前政治的自然状态，在此状态中，全副武装并被赋予执行一切权力之"权利"的个体相互为战。前政治的自然状态惨不忍睹，而且处在"历史"发展的起始点，个体的人在这个进程中被解除了所有权利，以便步入市民状态。在霍布斯这里，为了市民社会的和平，政治被清除，被转渡给绝对主权者。人们不得不反问：在主权者与市民社会之间，霍布斯的政治理论采取的态度是什么？

四、现代的自然正当说颠转了权利与义务的关系。对于古典哲学而言，正义原则是人对共同体结构和自然秩序框架的源初和政治的参与。因此，人们所理解的基本道德事实即是义务，[205]是对个人自然活动范围的限制。对目的论基础的抛弃，使人们必须在富有影响的和主要的激情力量中，在自保本能以及对暴死的恐惧中，探寻新的正义原则。一旦自保本能被提升为正义原则，

> 那么，道德的基本事实就不再是义务，而成为权利。一切义务都可以从基本的、不可让渡的自保权利推导出来。

一旦市民社会的根基最终变成不容妥协的自保权利，其功能与边界也必然发生改变。国家的功能就无法再是将成员纳入至善的秩序，使任何人，无论在个人幸福方面抑或公共利益方面，都获得合乎其自然和义务的位置。现代国家的唯一任务毋宁说是保护和确保个体的自然身体的权利，同时，人身权利也划定了国家行为的界限。施特劳斯称，如果可以称这种学说为"自由主义"的话，那么就不得不说，"霍布斯是自由主义的始作俑者"。

将义务降低为权利，隐含着抛弃政治的道德责任，时至今日，人们仍将这种降低视为近代国家学说的关键成就。政治的任务不再是为"好生活"服务，相反，它只须确保"舒适的生活"，并与经济自由流通共同作用，为市民提供财富。将道德因素从政治秩序模式中抽掉，是其切实可行的一种功能。这个功能之所以变得必要，是因为现代政治哲学的旨趣在于有效的计划组织。从"现实主义"的视角来看，倘若一种秩序的实现有赖于人履行其义务

并要求他作出某些贡献，那么，它的实现就极不可能。[206]与之相反，建基于权利的社会秩序则似乎可以自动地发挥作用。

> 它们把所有人的私利奉若神明，就如同所有人看待自己的私利或者很容易就能看到的那样。我们可以更加确定地预料到，比起承担义务，人们更会去为自己的权利而斗争。

现代自然正当学说事实上更大的效果，似乎来自对古典传统坚决的、有意为之的修正。反过来看，也就不难理解这些修正是效用意图的结果了。现代的新路向具备了一种道德根基。

五、现代自然正当在意图、气质以及效果上都是"革命性的"，而古典学说则更强烈地以稳定性标准为导向。上述因素与科学的普及化渴望结合起来，以求通过传播普遍有效的、几何学—政治的规则来推动人的"解放"。其中，科学的内容必须适应自身普及化的要求。对于古典政治哲学的思想转变的结果，可以扼要地用一个概念来表达，即"权力"。在施特劳斯看来，霍布斯哲学首次以权力之名将权力置于中心位置，它是首个"权力哲学"，scientia propter potentiam［知识是因权力之故］。

古典自然正当学说典型的含混性，以完全转变了的形象再次出现在权力概念的歧义性中，身体性的力量（potentia）和法律性的权力（potestas）在"权力"（Macht）概念中融为一体。人能够做什么，允许做什么，并且法律上允许做什么，都汇聚在政治的权力方案之中。[207]最初构成potentia［权力］对立面的，是作为actus［活动］的自然目的，这些目的如今不再属于身体性的能力（Können）和法律性的允许（Dürfen）的联合。于是，不再有独立的监督——

> 法律解释了什么是被允许的，它不同于那些所谓荣誉的事物。

权力哲学在道德上是中立的。通过potentia和potestas的联合，至高的属人力量与至高的属人权威合二为一。现代哲学使古典哲学最为高贵的任务所怀疑的对象正当化。对权威的怀疑从一开始就为凭借属己理性摆脱该权威之约束的尝试提供了理据。①

神学与哲学关于唯一者的必要论争，是西方传统生机勃勃的源泉。现代危机是现代尝试借助中立化来扼杀这一冲突——尽管未能解决这一冲突——的后果。它先是停止追问何为正义的生活，继而表明对立双方均为人类思想中荒谬的、与历史相悖的幻觉。施特劳斯问道：人们有何理由不去使这一论争重新焕发活力呢？复兴这种论争的前提是，人们使这种论争生活化，并去从事生动的、明显给自身带来挑战的哲学活动。或者，借用施特劳斯的一位同侪的话来说：

> 既然真理和正义绝不会妥协，人就该看清楚，并从其所要求的观点出发优雅、自制地去行动。②

---

① 《自然正当与历史》，页144、176-181、188-191、197-203，页224及以下，页231-239；《柏拉图式政治哲学研究》，页143及以下。

② ［译按］引文为Since truth and justice are uncompromising [,] one should see clearly and act with grace and self-command from the required point of view，语出罗尔斯《正义论》(The Theory of Justice)。引文为作者的改写，并非字对字的引用。中译参罗尔斯，《正义论》，何怀宏/包钢/廖申白译，中国社会科学出版社，1988/2001/2009。

# 附录

## "马背上的人"：施特劳斯论柏拉图《法义》的论辩和情节

## 一　引言

谁若是进一步研究柏拉图的《法义》，就很难不有如下印象，即书中探讨的主题丝毫没有过时，比如移民、"主流文化"、军国主义、卫健事业、群众体育、素食营养、性别认同、令人厌恶的性行为、男女平等、共产主义、刑法改革等等——柏拉图对人世间在政治上有争议的事物并不陌生。他在《法义》中讨论的尤其是这类主题，有意思的是，在更为著名的《王制》面前，《法义》却经常相形见绌。而在施特劳斯那里，则是另一种情形。柏拉图的《法义》是仅有的一部让施特劳斯用整部书——也是他最后一部——来处理的对话。施特劳斯这部作品背后，是他与政治哲学的基础打交道的毕生经验。

在施特劳斯那里，柏拉图的《法义》很早就已经具有极为独特的重要性。[1]1933年2月2日，身在巴黎的施特劳斯写信给洛维

---

[1]　早在1935年，施特劳斯已在《哲学与律法》中探讨了柏拉图的《法义》(施特劳斯《文集》卷二，页64及以下，页126，页198及以下；[译按]中译参施特劳斯，《哲学与律法》，黄瑞诚译，华夏出版社，2012)，从这个时期开始，《法义》对于施特劳斯理解政治哲学的整体扮演着愈发重要的角色。

特,谈到尼采的哲学时说:

> 于是,这里边出现了一个问题:人们是否必须停留于勇敢—知识这个反题。在我读柏拉图的《法义》时,我才明白,不必如此;如果人们忆及柏拉图的某些学说,尼采的问题,亦即我们的问题似乎就更简洁、明确,也更具原初性了。——而且,关于中世纪哲学的某些思考也证实了这一点,于是,我最终认为,对柏拉图作一尝试是有益的。我了解抽象的历史思考,但我相信,这种思考在终结之时有别于其开始之时。让我长话短说:我必须试试我是否"行得通"。①

---

亦参1936年的文章《简评迈蒙尼德和阿尔法拉比的政治学》(*Quelques remarques sur la science politique de Maïmonide et de Fārābī*,见《文集》卷二,页125-165),以及1937年的论文《阿布拉瓦内的哲学趋向与政治教诲》(*On Abravanel's Philosophical Tendency and Political Teaching*,《文集》卷二,页195-231),1939年的《斯巴达的精神或色诺芬的品味》,或1943年的《〈卡扎尔人书〉中的理性之法》(*The Law of Reason in the 'Kuzari'*,见《迫害与写作艺术》,页95-141),而《法拉比如何解读柏拉图的〈法义〉》(*How Fārābī read Plato's 'Laws'*,见《什么是政治哲学》,页134-154)直至1957年才发表。此外,该主题还大量出现在其他作品中。参拙著 Die Hermeneutik der „dritten Dimension " in der Platondeutung von Leo Strauss,载 M. Erler/A. Heschke-Hentschke 编,*Argumenta in Dialogos Platonis. Teil 2: Platoninterpretation und ihre Hermeneutik vom 19. bis zum 21. Jahrhundert*,Basel 2012,页285-299;M. P. Zuckert/C. H. Zuckert,*Leo Strauss and the Problem of Political Philosophy*,Chicago-London,2014。

① 施特劳斯《文集》卷三,页602及以下。[译按]中译见施特劳斯,《回归古典政治哲学》(下简称"《回归》"),朱雁冰译,华夏出版社,2006,页78。

附录 "马背上的人"：施特劳斯论柏拉图《法义》的论辩和情节

六年之后，即1939年2月16日，在施特劳斯的一封致克莱因的信中，可以读到这样的话："我相信，我现在弄明白了《法义》的内涵。"（同上，中译页291）这些印迹表明，在施特劳斯哲学方案的构思中，柏拉图的《法义》很早便扮演了不仅重要而且关键和持续的角色。很明显，其中关键的不只是所谓的"观念史"问题，还有对同时代哲学形势的评判，以及现代的思想处境及其与中世纪唯理主义的冲突。

直到在1935年发表的《哲学与律法》中，人们才清楚看到，施特劳斯于1933年谈及的"某些思考"究竟何谓。"哲学与律法"不只是一部施特劳斯早期著作的题目，更是对于关键性的政治困境——施特劳斯所洞察到的——的恰切称谓，并且还是古典政治哲学的主要对象。在哲学的法律性论证和法律的哲学性论证中形成了一个闭环，环心是自然正当及自然法则的观念，而柏拉图的《王制》和《法义》则环绕在其外围。法律问题即是政治哲学问题的钥匙，一如施特劳斯以极其非教条的方式为我们呈现的那样。这两者便是我们的哲人经受考验的场地，他在这里得以施展他的哲学能力以及政治才能。

哲学是一回事，而政治则是另外一回事。哲学与政治代表着迥异的生活方式，因此，也代表着迥异的立场，人们需要由这些立场出发来评判或者处理基础性的问题。不过，如何能够在政治空间内保存哲学兴趣，而不用受到权力的压制？政治活动包括一种有哲学根据的交流方式。显白—隐微的交流，在政治活动领域对应的是施特劳斯说的"哲学的政治学"。[①]哲人在这里以立法者一

---

[①] 施特劳斯，《什么是政治哲学》，页144，页221及以下，两处总结了"施特劳斯假设"，它们关乎如何对待哲学与社会之间充满张力的关系。

立邦者的身份进行统治，他为邦民提供可行且稳固的秩序，同时哲学生活的诉求在其中也可以得到保护。这直接关系到政治行动意义上的"哲学与律法"。施特劳斯在柏拉图《法义》中发现了哲学政治学的模本。他在《柏拉图〈法义〉的论辩和情节》里演绎了哲学政治学的古典策略，通过柏拉图"次-苏格拉底式的"（sub-sokratisch）文本表明，对于哲人角色而言，政治劳作是多么复杂和艰苦，他的可能性又是何其有限。政治终归总是一场斗争。

施特劳斯的最后这部著作给人们的研究带来不少困难。鲜有人真正找到门径进入这部作品，研究者要么时常以缄默略过，要么更多是以笼统的论战来进行反驳。[1]在该书出版后的同时代书评中，没有任何值得认真对待的对施特劳斯意图的分析，尤其找不到任何一篇书评提到身体性的意义。一些"读者"似乎某种程度上会被其文本形式所冒犯：没有索引、没有文献、没有对阐释

---

[1] 最先发表的大多数短评都流于空洞的套话，要么未能触及实质问题（比如Allan D. Nelson, Leo Strauss. The Argument and the Action of Plato's „Laws", 载 Canadian Journal of Political Science, H. 9-3, 1976, 页515-516），要么所言与《柏拉图〈法义〉的论辩和情节》的意图完全相悖（比如H. Neumann, Leo Strauss. The Argument and the Action of Plato's „Laws.", 载 Journal of the History of Philosophy, H. 17, 1976, 页81-82, 该文引用的部分"例证"完全与所陈述的观点无关）。更为常见的是，内容上立足点至为狭隘的评论者明显带有充满敌意的动机，陷入平庸的争论（比如T. M. Robinson, Leo Strauss. The Argument and the Action of Plato's Laws. With a Foreword by Joseph Cropsey, 载 The Classical World, 1977, 页405; T. J. Saunders: The Argument and the Action of Plato's Laws by Leo Strauss, with a Foreword by Joseph Cropsey, 载 Political Theory, 1976, 页239-242; M. Schofield, Leo Strauss. The Argument and the Action of Plato's Laws, 载 The Classical Review, New Series, H. 28, 1, 1978, 页170）。G. R. F. Ferrari（Strauss's Plato, 载 Arion: A Journal of Humanities and the Classics, Third Series,

性过程的专门解释，尤其是没有详细讨论同时代人对柏拉图《法义》的研究。的确，阅读施特劳斯的作品不容易，尤其是耗费时间——这对于繁忙的学术活动而言显然是一种苛求。

像《柏拉图〈法义〉的论辩和情节》这样的作品，既无法对它作什么总结，也无法按照内容进行描述。而且，面对多变的主题和分析方法，提出某个中心论题并加以讨论也会徒劳无功。不过，注疏的思想活动可以让我们看清作者与柏拉图纠缠时的一个基本主题，即属人的身体作为政治和立法之前提和条件的重要性。施特劳斯在研究与哲学处于富含张力的关系之中的《法义》时，讨论了上述主题，不过，在《法义》的对话过程中，作为主题的哲学始终处在背景位置。出于启发性的理由，哲学在本文下面的思考中也不会处在表面。这一点同样适用于宗教：宗教在《法义》和施特劳斯的

---

H. 5-2，页36-65）在其30页题为"施特劳斯的柏拉图"的文章里没有一个字提及《柏拉图〈法义〉的论辩和情节》，这真是咄咄怪事。因为，既然施特劳斯一再强调，《王制》与《法义》区别在于观察基本问题的不同视角，那么，"施特劳斯的柏拉图"一文就至多只是"他的"柏拉图的一半。S. B. Smith（*Reading Leo Strauss: Politics, Philosophy, Judaism*. Chicago-London，2006，页92）在描述施特劳斯的"柏拉图式的自由主义"时提到《柏拉图〈法义〉的论辩和情节》，但是同样未能详究该书。Mark J. Lutz（The Argument and the Action of Plato's Laws，载 Timothy W. Burns 编，*Brill's Companion to Leo Strauss' Writings on Classical Political Thought*, Leiden-Boston，2015，页424-440）在描述中并未遵循任何可以辨识到的分析纲领，他似乎把施特劳斯的作品很大程度上看作对柏拉图对话的改写，只用近四分之一篇幅讨论了作品的题词和他称作"前言"的段落。解读的二分之一篇幅探讨了"对话的哲学部分"，也许作者认为，施特劳斯《柏拉图〈法义〉的论辩和情节》里对《法义》卷十的处理（页140-156）是唯一哲学性的，且因此也是重要的部分。剩余的小部分以"作为立法者的雅典人"这一观点统辖了作者不同的阅读印象。

《法义》疏解中无处不在，它在立法过程中的角色同样可以从身体性来得到说明。不过，要说明这一关联，就得另觅机会了。

本文尤其要强调施特劳斯柏拉图研究中身体的政治意义，以便整体上清楚凸显身体性的核心意义。故此，我们首先要阐发施特劳斯研究《法义》时所遵循的解释学方针。施特劳斯借助柏拉图《法义》所演示的"哲学政治学"选项表明，正是Intellekt[智性]与Körper[身体]的对立才真正决定了政治的影响范围。只有从身体性出发，才能得出大多数立法对象的结构和内容，以及这些对象与宗教言说方式的联系。最后，从这一对立出发可以引出权力（Macht）问题，由此也可以得出法律问题，以及谁应该使用这种权力的问题。与权力问题一道，问题便被推向法律与理性之关系的层面。那么，"哲学政治学"有哪些自为地裁决权力问题的可能性？

## 二 解释学方针

在《柏拉图的〈王制〉》一文开首，施特劳斯便明确说明了他阅读柏拉图的方式。[1]他研究柏拉图对话的一个前提性理解是，作者所意图告知的东西并不会直接吐露出来。[2]柏拉图在对话中展

---

[1] 参施特劳斯，《城邦与人》，页53、62；拙著2012，前揭；Zuckert，2014，前揭，页118及以下。

[2] Smith（前揭，页90及以下）承认施特劳斯所赋予对话问题的核心意义，不过，将施特劳斯的意图完全化为对话性就太过夸张（"对于施特劳斯而言，媒介即为信息"）。

现的仅仅是他人的言行。[1]从施特劳斯作品之外的一些零星地方，有诸多暗示补充说明了这一纲领。在1939年8月18日致克莱因的信中，施特劳斯指出理解作品的结构对于领会一部作品何其重要（《回归》，页305）。细心的读者可以通过分析去领会论辩和对话，从而阐发其哲学内涵。单个的陈述几乎不具备任何独断见解的意义，而总是与某个对话和思路相关，任何见解暂时的有效性都会在对话过程中被消解掉。在首先事关领会问题复杂性的地方，一般不可能存在明晰性。因为诸多陈述并不单纯是见解，设问常常比答案包含更多东西。[2]因此，人们也不能指望，施特劳斯在其评注式的柏拉图解读中要做什么柏拉图认为无法做到的事，或者指望他会着手阐述一种柏拉图的、甚或他自己的学说。

不过，像柏拉图一样，施特劳斯始终保持着坦率的非教条态度。另外，正因为如此，他这部论柏拉图《法义》的专著才名为《柏拉图〈法义〉的论辩和情节》。对于柏拉图的阅读者而言，此书可当作把握《法义》论辩过程的辅助：它让人们看到，当对话者在某个时间点说了什么或者没说什么的时候，对话里发生了什么，它还说明了这篇对话与其他对话的联系。笔者曾称其为"第三维度的阐释学"，即施特劳斯的评注"为所流传文本的二维性补充了书面语中并行的情节维度以及古代哲学思想的视野"。[3]因此，倘若施特劳斯的解读者想要从施特劳斯的文本出发，进一步阐述

---

[1] "论辩和情节"这一表述尤其反思的是言与行的关系，参Zuckert, 2014，前揭，页118。

[2] 施特劳斯，《柏拉图〈法义〉的论辩和情节》（［译按］下文简称为《论辩和情节》），页36及以下；参《什么是政治哲学》，页151。对于解读而言，同样重要的还有施特劳斯在其文本中提了什么问题。

[3] 参拙著，2012，前揭，页296。

施特劳斯未能就柏拉图所言明的东西，那将是个错误的企图。①

在1958年关于"苏格拉底问题"的讲座中，施特劳斯谈到《王制》谋篇时传达了一个重要的看法，即从身体性抽离也许是《王制》最重要的特征。②施特劳斯赋予此抽离现象以突出的解释学意义。理解一篇对话，意味着承认有某个原则指导着对于这篇对话而言具有代表性的特定抽离。③引人注目的是，在《城邦与人》的"论柏拉图的《王制》"一章，施特劳斯处理了对身体的抽离。这里只需提及核心的一点。④施特劳斯称，柏拉图将个体与城邦做平行对比，毋庸置疑地抽离了身体和爱欲（《城邦与人》，页109、111、117、135、138）。这一看法的结论无比重要。施特劳斯最后甚至说，把作为《王制》中灵魂学说前提的个体与城邦平行对比，

① 可从《论辩和情节》（页81）找到一个典型的提示："除了克勒尼阿斯在结尾处的回答外，雅典人在第五卷中唱了一出独角戏。这一卷是《法义》全书最不具有对话性质的一卷。这一事实变得明朗时，就表明了它与本卷论证之间的关联。那种言论必须加以适当调整（mutatis mutandis），以应用于整个第五卷。"关于施特劳斯阐释学，参D. Tanguay, How Strauss Read Farabi's Summary of Plato's „Laws", 载 R. Major 编, *Leo Strauss's Defense of the Philosophic Life: Reading „What is Political Philosophy?"*, Chicago–London 2013, 页98–115。

② 施特劳斯，《古典政治理性的重生》（[译按]下简称《重生》），页164及以下；相关例子可参施特劳斯，《城邦与人》，页111、113–117。

③ 施特劳斯，《重生》，页154及以下："每篇对话对主题的处理都通过一种特定抽离的途径……理解一篇对话意味着认识到有某个原则主导着那种刻画该对话的特定抽离。该原则首先为对话的场景所揭示：时间、地点、角色与情节。"

④ 参施特劳斯，《城邦与人》（页69）："这个证据——几乎毋庸多言——基于忽视或者抽离大量最为紧迫与切近之事物。这是极端意义上的'抽离'。倘若有人想理解《王制》，就必须试着弄清这些被忽视的事物是什么以及它们为何被忽视。《王制》自身——倘若阅读恰切——为这些问题提供了答案。"

明显是成问题的,甚至站不住脚。在该章最后一段可以读到,《王制》通过抽离身体和爱欲,最终也抽离了灵魂。最后,施特劳斯总结说,"《王制》抽离了自然"(同上,页138)。"自然"在这里意味着什么?根据施特劳斯,《王制》抽离了身体,那么至少可以说,这一点并不适用于《法义》。无论对于解读,还是对于施特劳斯的柏拉图阅读——这是其评注的基础——来说,这是一则重要的提示。哲学——哲人及哲学生活——在《法义》中处于背景位置。用施特劳斯的话讲,《法义》是"次-苏格拉底式的"(《论辩和情节》,页17、27、61、182)。于是,身体性问题在《法义》中就得以凸现,成了本身有分歧的法律中一个有待定义的特点。因此,两个文本呈现出互有区别,但是就客观问题而言又互为补充的视角。施特劳斯在1939年致信克莱因时称,《王制》致力于彻底批评和拒斥政治生活。我们也许可以补充说,《法义》则表明身体性——或者倾向于身体性的人——对政治生活产生的影响是瘫痪性的(致克莱因,1939年2月16日,见《回归》,页291)。

此外,在施特劳斯看来,法拉比的柏拉图阅读甚至具有划时代意义。[1]1957年,施特劳斯发表了题为"法拉比如何解读柏拉图的《法义》"的文章。他称,法拉比正确地判断了柏拉图的行为,柏拉图传达其思想的方式也是其作品诸多奥秘的一部分。[2]柏拉图将既出人意表亦令人难以置信的坦诚特征与缄默原则结合起来。施特劳斯讲述了法拉比笔下著名的虔敬苦行僧的故事,后者

---

[1] 参Zuckert,2014,前揭,页117及以下,页136(那里提到施特劳斯的文章《法拉比如何解读柏拉图的〈法义〉》:"该文提供了施特劳斯自我剖白的钥匙")。

[2] 施特劳斯,《什么是政治哲学》,页136及以下。

未曾撒谎，只是通过迷惑性的行为避免了迫害。①他认为，柏拉图与虔敬苦行僧有共通之处：二者有时都被迫讲出可能会威胁自身或他人的真理，因为二者皆为极具洞察力之人，他们在类似情形下的举止都相同。他们在言说危险的真理时，恰当地装扮它们，以至于人们无法相信他们口中的话。实际上，在此种情形下犯错的恰恰是公众。柏拉图以这种方式书写了《法义》，②法拉比则习得了这种手法，并阐发出一种"双重"表现技巧，以便帮助那些真正想要认识《法义》诸见解的人；此外，对于那些不愿忍受研究和思考的巨大劳苦的人，这种技巧则已完全足够。我们无须进入施特劳斯的法拉比解读细节，便可得到一条重要的提示：他赋予柏拉图以及法拉比的作品一个特征，即它们意在达到一种双重意义，他将此双重意义比作 men on horseback［马背上的人］，即坐在马背上的骑手——表面上看起来是一个整体，由一位有判断力但动作缓慢的统治者和一位虽迅速但不那么有判断力的臣仆组成，他们一同装备起来，既可以应对意外的攻击，也可以拔腿就跑。③于是，我们又得到另一条提示：很明显，施特劳斯认为，柏拉图《法义》中的哲学传达方式由两个因素组成——言与行，即 speech 和 deed，也即 argument 和 action。那么，马与骑手是不是智慧同权力结合的象征？让我们假设一下，也许施特劳斯论柏拉图《法义》

---

① 施特劳斯，《什么是政治哲学》，页135及以下。
② 同上，页137："柏拉图正是用这种方式写下了《法义》。"
③ 同上，页138："相应地，法拉比的《概要》（Summary）就是故意具有两重意思。人们在表述这一类著作的两重性时，可以把这些著作同马背上的人相比较：表面上看起来是整体的东西，由一个有洞察力却又较慢的支配者（ruler），和一个较快却又不那么有洞察力的接受者（subject）所构成，而且那个表面上的整体既完全适于出乎意料的攻击，又完全适合于逃命。"

的作品也是基于类似的手法,这样一来,恰恰可以看清书评里所区分的两类读者——对此,柏拉图和法拉比早已预料到。

施特劳斯还给了读者其他明显的提示。1930年前后,施特劳斯在阿维森那的一篇论文(《各科举隅》)中发现了的一则说明:政治地处理先知学和宗教律法,在柏拉图《法义》中是在场的。[①] 这一发现对于施特劳斯哲学的毕生计划具有极其深远的影响,因为,由此开始,中世纪理性主义(尤其是犹太教、伊斯兰教的)和哲学地处理启示问题,相继呈现在他眼前。柏拉图的哲人王在启示之光的照耀下,转变为先知的角色,后者在能力上远超于前者,真正能够建立理想的国家。就此而言,先知学被证明是极度政治的,并且是政治哲学的场所。施特劳斯曾将阿维森那的说明作为题词,置于一篇两页长的摘要文章篇首。早在1935年,当施特劳斯在《哲学与律法》中引用上文时,阿维森那的见解已经激起他的兴趣。1935年的原话是:"这里与先知学和宗教律法相关的,都包含在《法义》中了。"[②]《哲学与律法》中对所引阿维森那那句话的引申,让人们清晰看到上述题词指向什么:

> 实践哲学的这一部分(即政治学)的主题是:预言的存在以及人类的存在、维持和繁衍,都依赖于宗教法。政治学既研究全部宗教法之总体,也按照民族和时代,研究个别宗教法之特质;政治学还研究神圣预言与所有虚妄之区分。

---

① 《文集》卷二,页112,参页126;参H. Meier, Vorwort des Herausgebers,见L. Strauss, *Gesammelte Schriften, II. Philosophie und Gesetz – Frühe Schriften*, Stuttgart-Weimar 1997,页IX-XXXIV。[译按] 中译参施特劳斯,《哲学与律法》,前揭,页107。

② 《文集》卷二,页112,参页114、126。

(《哲学与律法》，中译页108)

通过引用阿维森那，施特劳斯在立法与政治学，以及政治学与任何形式的宗教律法之间建立了关联。1935年，施特劳斯清楚看到，对于犹太教和伊斯兰教的中世纪理性主义的形成，柏拉图的《法义》具有多么巨大的意义。先知们的学说在启示之光的照耀下成为政治学的"自然"场所。阿拉伯哲人，当然也包括迈蒙尼德，以哲学的方式追问

> 现实的律法之可能性；他们回答彼此问题所依据的是柏拉图政治学的视界：他们按照柏拉图的哲学来理解启示。他们由一个非柏拉图式的前提——启示的前提——出发来汲取柏拉图的政治学。……柏拉图在构想真正的国家时，也预见到了启示。(同上，页115–116)[1]

因此，施特劳斯认为，柏拉图的《法义》将政治作为与宗教相关的立法。这一关联对于阅读施特劳斯的柏拉图《法义》注疏非常重要。不过，更为重要的是《哲学与律法》里阿维森那引文暗示出的另一关联。这里涉及的不只是先知学，而且极其根本地涉及"人类在存在、维持和繁衍方面对宗教律法的依赖性"。换句话说，如此设计的政治，本质上关心的是人类的身体性存在，即属

---

[1] 这并不意味着此处存在某种内容上的雷同，倒是意味着阿拉伯哲人意识到了伊斯兰律法与柏拉图的法律之间的差异和共通处。参施特劳斯，《什么是政治哲学》，页143及以下。不过，施特劳斯在他的柏拉图评注里很少提到法拉比和阿维森那。参Zuckert, 2014, 前揭，页123、136。

附录 "马背上的人":施特劳斯论柏拉图《法义》的论辩和情节　191

人的身体。如《哲学与律法》所强调的那样,就迈蒙尼德和伊斯兰哲人而言,这似乎是一种类似原则性的定义。在那里,重要的是

> 神法与纯粹的人法的明确区分,神法以人真正的完美为旨归,它的宣示者是先知,而人法只以身体的完美为旨归,它的宣示者是政治家。……他在一个与此相关的文本处境中说:政治学的功用,在于知晓人类个体之间必须有怎样的社会关系方能相互帮助,以保身体安康和维持人类种族。这种表述使我们不得不问,预言与所有纯粹的政治事物究竟有何不同。(同上,页109)

施特劳斯从阿维森那对该问题的回答中所提取出来的答案,带来的结果是,相对于所有"纯粹政治的事物"而言,先知学更为广博和具有优势,因为它"以人真正的完善为旨归",就是说,它也包括借助科学去着眼于智性世界和理智的完善。相反,"纯粹政治的引导",其对象是"身体的安康即感性世界的幸福"。启示的先知同时也是统治者,因为他"超越"了柏拉图的哲人,享有的地位远在后者之上。借助于"启示之事实"和神法权威,先知身上还集合了柏拉图对话中的哲人所欠缺的能力,即他"将导师与引导者(Lehrer und Leiter)集于一身"。① 在犹太教与伊斯兰教的理性主义中,"先知作为集哲人—政治家—预言家(—行神迹者)于一身的人,是完美社会的缔造者"(同上,页110)。施特劳斯得出结论说:

---

① 《文集》卷二,页109、119、122。真正的立法者必须将两种功能集于一身。参施特劳斯,《论辩和情节》,页61、63、180。发号施令者(Befehlsinhaber)尤其出现在会饮、主奴关系以及军事中。不过,可命令于人的事情也有界限,比如在性事方面。

> 先知是理想国家的缔造者。理想国家的古典方案就是柏拉图式的国家。……先知是柏拉图式的国家的缔造者；先知履行了柏拉图的要求。（同上，页110-111）

就施特劳斯对柏拉图《法义》的细读而言，这一关联意味着什么？也许柏拉图构想过一个理想国家，他也许提出过要求，也许还预见到了启示，不过，无论如何，这并不是《法义》所谈及的现实。现实是曾几何时在克里特和斯巴达的立法，现实是一次立法，作为纯粹政治学的立法不得不探讨和描述人的身体性。现实是，就行动的要求而言，哲学是一种很大程度上的缺席。在与宗教问题的相关性中哲学地分析这一状况，是《法义》的主题。《柏拉图〈法义〉的论辩和情节》的任务和对象，便是从这个意义上说明性地指导《法义》的阅读。这里始终需要注意，就柏拉图的哲人在政治上无能为力而言，犹太教和伊斯兰教先知学是对"柏拉图的批评"（同上，页115）。哲学几近于羞愧的谦卑与宗教的权力——理性与身体性、骑手与马——是政治问题自我调校所围绕的轴心的两极。

## 三 《柏拉图〈法义〉的论辩和情节》中哲学性的身体—政治学

### 3.1 反讽的政治神学

施特劳斯的柏拉图《法义》评注开篇是一节包括五个自然段的导引，代替标题的是一句阿维森那的题词。施特劳斯在导引中提供了许多基础性的归类。首先，他确定了两点：一、《法义》是

附录 "马背上的人"：施特劳斯论柏拉图《法义》的论辩和情节

柏拉图最为政治的作品，甚至可以说唯一政治的作品；二、《法义》是柏拉图最为虔敬的作品（《论辩和情节》，页1、2；参《什么是政治哲学》，页29）。两个判断似乎相辅相成，因为施特劳斯在1943的文章《〈卡札尔人书〉中的理性之法》中最先提到，柏拉图《法义》的内涵是一种政治神学（《迫害与写作艺术》，页116）。

开篇关于柏拉图《法义》中政治与虔敬之联系的说明，处于这样一个框架之中，（三、）它暗示的矛盾处境，是（每个）社会在立法时都会陷入的；四、它凸显了苏格拉底在关于法律的对话中貌似是不在场的；五、它触及成文书写的问题；六、最后，它在结束时声称柏拉图轻而易举地杜撰了苏格拉底以及其他故事（《论辩和情节》，页2）。柏拉图《法义》中的立法问题得以探讨的出发点，正是这些说明。它们也触及在选取的立场上可以支配的表现手段。施特劳斯也早已处理过这一问题。在题为"阿布拉瓦内的哲学趋向与政治教诲"（1937）的文章中，施特劳斯称，《法义》是柏拉图最为反讽的作品。①那么，一部想要正确评价《法义》的评注，究竟得多么反讽？1939年，施特劳斯在《斯巴达精神或色诺芬的品味》中称赞柏拉图《法义》无与伦比的写作技艺，这种技艺表现在近乎愧疚的克制。②要理解此言何谓，必须做一番思考。

---

① 《文集》卷二，页198。在此语境下值得注意的是施特劳斯对游戏主题的细致追究，比如《论辩和情节》，页57，页92及以下，页105及以下。
② 施特劳斯，1939，页350（"依据愧疚规则教诲真理"），参页516（"羞愧或愧疚感"）。[译按]中译参施特劳斯，《斯巴达精神或色诺芬的品味》，陈戎女译，见刘小枫/陈少明编，《色诺芬的品味》（经典与解释辑刊第13辑），华夏出版社，2006，页2-32。

首先，在一部卓绝的政治作品中，表面所关心的并不是哲学、哲学生活或者共同体中的哲人角色。[1]这种克制的程度之深，导致苏格拉底在柏拉图《法义》里甚至都没有出场——尽管如亚里士多德所言，在雅典异乡人身上不难辨认出他的在场。[2]施特劳斯认为，哲学精神必须在政治面前遮掩自身，哲人的视野必须被限制起来，也就是说，哲人必须接受政治的视角，并学会政治人的语言。[3]因而，如施特劳斯所说，柏拉图撰写《法义》时为自己立下了一条规则，那就是对哲学保持缄默。[4]雅典人的对话对象——克里特人克勒尼阿斯和斯巴达人墨吉卢斯，后者为政治家（《论辩和情节》，页106）——体现了哲学明显的不在场，而《王制》中的格劳孔和阿德曼托斯则象征了哲学明显的在场（同上，页14）。就哲人之为哲人而言，他在政治语境中隐退；就哲人之为立法

---

[1] 参施特劳斯，《论辩和情节》，页128（"哲人"一词及其衍生词语首次出现在《法义》卷九中）；参Zuckert, 2014，前揭，页135、139。

[2] 同上，页2；《什么是政治哲学》，页33。请注意《论辩和情节》页55（"这个语境清楚地表明雅典人本身就是立法者"）、页56（"作者以这样的方式强调，这个答案不是来自雅典人，而是来自哪个半隐半显且压根没名字的立法者"）、页141（雅典人在这里被称为"哲人"，施特劳斯提醒，不应忘掉雅典人和他的对话者之间的差别）。将雅典人等同于苏格拉底，可以让人们更为细致地观察到《法义》中的雅典人与《王制》中的苏格拉底在言谈行为上的差别。参施特劳斯《论辩和情节》，页59（"《法义》的主导问题与《王制》的主导问题既相同又不相同"）。施特劳斯经常对比雅典人与苏格拉底的陈述，并且可以通过雅典人在类似主题上与苏格拉底相比会说什么及不会说什么，来弄清比如哪些东西被忽略了。借助这两极的游戏，柏拉图对话所处理的问题总体上变得更为清晰。

[3] 同上，页59（"跟克勒尼阿斯和墨吉卢斯对话，哲学生活并不是一个合适的话题"）、75；《什么是政治哲学》，页32。

[4] 同上，页75（"他仅仅偶尔并且可以说偷偷违反那种法律"）。

者—立邦者有所行动而言,他不会隐退。故而,如"施特劳斯假说"的说法,哲学与律法之间、哲学的在场与不在场之间、智慧与不智之间、哲人与社会之间,都存在张力。

鉴于哲学与律法之间的张力,哲学生活及其意义在城邦的整全中作为一个主题退居背景位置,与此同时,另一个问题则凸显出来:身体。身体乃立法的对象、政治的条件,以哲学方式处理身体问题,是施特劳斯的柏拉图《法义》评注最为重要的主题之一。早在1935年,当施特劳斯将视线转向阿维森那的柏拉图研读时,他就已经注意到身体的意义:《柏拉图〈法义〉的论辩和情节》篇首的阿维森那题词指向这一关联,并不是偶然。不过,还有其他暗示。在1958年一次论"苏格拉底问题"的讲座中,施特劳斯在一个探讨柏拉图《法义》的段落中指出,关于灵魂的学说是柏拉图式哲学的核心与主要原则。不过,他同时也提请人们注意,哲学总是与整全相关,故而,它必然要研究身体,而特别之处在于,柏拉图将这些不同的事物交由一位异乡人来处理。[①]《王制》无法回答所有提问并解决所有问题,不过,它能够——在这一点上,施特劳斯总是与西塞罗一致——阐明政治(das Politische)的界限。[②] 施特劳斯让人们看到,受身体性局限的政治可能性,如何影响到对法律的定义。

---

[①] 施特劳斯,《重生》,页180。在这个段落里,施特劳斯联想了异乡人蒂迈欧的宇宙学——与雅典异乡人的类比在一个探讨《法义》的段落里极具说服力。参施特劳斯,《论辩和情节》,页58。

[②] 参施特劳斯,《论辩和情节》,页1;《城邦与人》,页138;《重生》,页162;《文集》卷三,页567及以下(《王制》"致力于对政治生活激进的批判和拒绝")。

## 3.2 法律的定义

政治的局限表现在法律概念中。对法律的定义无法在一个远离哲学的对话场景里，通过抛出"何谓法律"这一问题而直接得到解决。也就是说——施特劳斯注意到——雅典人悄悄地讨论并回答了该问题（《论辩和情节》，页17、35、60）。施特劳斯指出对话如何在不同层面触及这一核心问题。在《法义》卷一中，雅典人引入的人的形象是线偶，是诸神的玩物。他以这种方式引导多里斯人理解理性行为与法律之间的关系。他认为，人既是整一，同时也是二分，甚至是多元的（同上，页17）。人被相互对立的非理性顾问（快乐与痛苦）和关于未来善恶的意见驾驭着。在此之上，还有对更善或更恶之物的理性计算。倘若这种计算成为一个城邦共同的信念，就可谓之"法律"（同上，页17；柏拉图，《法义》，644c-d）。施特劳斯在卷二中称之为"核心论述"（同上，页27）。

不过，这个核心论述迫使人们追问，接受一种理性思考作为法律，会对这种思考带来什么变化，以及是否所有法律都是理性的。这样一来，理性与法律的关系总体上就成了问题。玩偶神话中的说法是，为了成为有德性之人，我们必须总是跟随神话中金质且神圣的理性思考的导引，人们称这一理性思考为城邦的公法（同上，页18；柏拉图，《法义》，644e-645a）。施特劳斯问道，理性与法律是否一致，并很快便予以坚决否定（同上，页18："那么，理性就等于法吗？差得远。"）。他的理由来自柏拉图的文本，即理性虽然高贵，但是轻柔且温和，不暴烈，因此，如果没有坚硬而刚强的肌腱襄助，就无法进行统治（同上）。

那么，理性与法律就像是马与骑手吗？在《法义》卷二中，对话者在一个主题方面有些不同的上下文中得出结论，即教育意味着将儿童引向逻格斯，后者是法律宣称为正确的，并且是共同体中最有威望的年长成员基于经验而视为真正正确的（同上，页26及以下；参柏拉图，《法义》，659c-d）。如果将两个论述联系起来看，理性与法律的次序将发生颠转。因此，施特劳斯才可以说，第二个论述是"核心论述"里所言称的内容的对立一极。悬而未决的问题"何谓法律？"仍然未能得到令人满意的探讨。

在《法义》卷四，对话再次靠近这个问题。立法者的第一个行动是为即将建立的城邦确立统治。雅典人给出了有条件的建议：真正主宰着具有智性的人的那一位，即神，应该成为城邦的主宰者。他得出的暂时性结论是，无论在私人还是公共生活中，都必须通过赋予理性的安排或分配以"法律"之名，来服从我们所分有的不朽（同上，页58 ["并给由理性完成的安排和分配授予法律的名义"]；参柏拉图，《法义》714a）。施特劳斯注意到，雅典人在这里谈的不是先前被证明成问题的理性与法律之间的关系，而是在探求法律最为可能的根据：法治即神治。[1]相应地，在与克勒尼阿斯和墨吉卢斯的对话中，雅典人要探讨的是立法的诸神（同上，页29）。不过，对话中的诸神似乎有些不对劲。立邦者—立法者并不是某一宗教的建立者（同上，页74）。哲学的任务即在于处理诸神的问题。在《法义》唯一一卷哲学部分（即卷十），雅典人直面这一任务。[2]

---

[1] 参施特劳斯，《论辩和情节》，页58（"法治即神治"）。这也许是对B. Zehnpfennig所提问题的回答（Die Abwesenheit des Philosophen und die Gegenwärtigkeit des Rechts – Platons „Nomoi", 载 *Politisches Denken*, Jahrbuch 2008，页265-284）。

[2] 同上，页129；参拙著，Platons „falsche" Theologie: Zum Verhältnis von Ontologie und Theologie in den „Nomoi", 载 *Politisches Denken*, Jahrbuch 2008，页245-263。

将法治与神治等量齐观，是否就是施特劳斯所谓的"政治神学"的顶点？施特劳斯许多地方都提醒着人们一个事实，即法律是由人制作的（同上，页57、58、60、61）。因而，关键性的问题就是，在即将成立的城邦中，哪些人应当统治。与此相关，施特劳斯批评性地指出，严格来说，法律完全不能够统治（同上，页59）。

立法者在第二个举动——劝诫未来的邦民——之后，悄悄地转向了第三个即最后一个行动，它比真正的立法先行，并且蕴含在对"何谓法律？"这个问题缄默的回答中（同上，页60）。严格而言，这个行动就在于修改先前的法律定义。法律具有两面；此外，为了用智性来规定法律，还需要强制手段（同上）。为何？法律的目标在于引导人们过上有德性的生活，但并非人人都可以明白无误地看到，立法者事实上必定具有卓绝的洞见。另外，只有少数人愿意自发地拥有德性，更高的存在者还在德性前铺下了许多艰辛（同上）。那些服从于法律的人，在德性方面表现得相当冷淡（同上，页61、126）。因此，法律的下限是粗鲁的命令，智性的规定则是法律的上限。位于两个极端之间，进行调和的是劝说。①施特劳斯向人们暗示，法律的下限所触及的一切，都与自然的生存相关，而上限触及的是真正的德性——若邦民有能力拥有的话（同上，页180）。现实中，在用以生存的必要事物与德性之间进行调和的，最终不仅仅是劝说。文中一再指出，能够抑制坏激情的有三种好东西：恐惧、法律以及真正的逻格斯（同上，页99、121、123）。因而，要能够在表现得漠然于德性的人那里发挥

---

① 参施特劳斯，《论辩和情节》，页61（"法律仅仅作为强制命令的话，那只是下限，而法律作为由理智完成的分配，必须归为上限。劝谕调节着这两个极端"）、79，页180及以下。

效力，统治不仅应该明智，还必须有强力——这种组合就类似于"马背上的人"。气力上的优势就是身体力量上的优势（同上，页47）。

也许，比起何谓法律，更为重要的问题是：法是何人之法，即谁是立法者？是神明、长者、智慧者，抑或强者？真正的立法者是那些无论如何都在寻求法律的人。为此，立法者又需要一种关于灵魂自然的知识——据说，只有如此，他们才真正会成为立法者（同上，页129）。谁若是在自己的理性中占据真正的法，理性便会在这种法中尝试着成为法律。[①]在紧接着对法律做二分定义之后的段落里，施特劳斯至少阐明了，立法者的言辞必须是双重的。类似于医生和健身教师，立法者也必须用两种不同的方式发挥他的其中一种作用，同一个人必须利用本身双重性的言说方式，就是说，既要轻柔（就像理性），也要专断和粗暴（如马一样？）。[②]

### 3.3 根本的政治张力

在施特劳斯看来，对于根本的政治困境而言，这种张力具有典型性（同上，页46["根本的政治困境"]，参页9[难题]、85）。他在一个讨论《法义》卷三的段落里处理了该问题。要理解施特劳斯对柏拉图的兴趣所在，理解他解读柏拉图对话的路向，这一根本问题是核心。因此，我们应该予以仔细勾勒。首先，紧接着在前面段落探讨了与最大的无知不同的最大的智慧后，施特

---

[①] 参施特劳斯，《论辩和情节》，页119（[译按]中译参页122）；参柏拉图，《法义》，835e、836e。这之所以是真正的自然正当，因为它终归是智慧者的自我立法，智慧者无需强制性的外在之法。不过，大多数人由于败坏了的天性而无法企及真正的法。

[②] 同上，页62及以下；具体的例子参《城邦与人》，页64。

劳斯阐明了该问题。问题是，人们如何能够将一者的在场与另一者的在场联系起来。雅典人继而罗列了七组相互对立的统治权的来源。施特劳斯将智慧与强力的对立摆在前面，并评注了这些来源。接下来的一段或许是对柏拉图文本中雅典人的一个说法的反应——"因为，我们同样发现了一个分歧的根源，对此，你必须予以补救"（《法义》，690d，参628b），施特劳斯没有从字面上考虑这个说法。施特劳斯的段落并没有评注柏拉图接下来的文本，而是向人们暗示，所"罗列"的七组资格要求"规定"了根本的政治困境。问题"首先"在于共同的善与私人财产之间的张力（《论辩和情节》，页46）。在此之后，他具体谈到，政治问题在于"最高的"统治资格要求与其他资格要求之间的和解，后者常与前者陷入冲突——就是说，与"最高的"统治资格要求冲突的，首先是基于占优的强力的资格要求（同上，页47）。故而，政治问题就在于智慧与强力、智性与身体、哲学与政治生活之间的张力中，这种张力继而带来其他张力，如个人与大多数、君主制与民主制——人们也可以说——"人与城邦"之间的张力。①智慧与强力事实上的张力是一种政治现实，它恰恰与哲人王形象中智慧与权力的一致性相悖。这种一致性或许可以在先知身上成为现实——因此，才有了篇首题词中对阿维森纳的引用。

所有上述张力关系的共通之处在于，它们都可以从高和低的视角进行观察——因此，从中会得出许多不同的观察视角，相应地，也会有诸多观察根本问题的不同视野。政治学能够在何种条

---

① 参施特劳斯，《论辩和情节》，页178；参《重生》，页166："我已经提到了道德的两重根基，其一是社会之种种需要，这归根结底就是身体之种种需要，其二则是心智之种种需要。"

件下解决这一张力？或者说，这里涉及的是不是一个绝对的问题，政治学不得不因此而一再失败？

## 3.4 作为立法动机、对象以及界限的身体

属人的身体是政治问题的核心组成部分。与之相关，对政治生活进行独特的限制，是施特劳斯哲学评注的基本主题的一部分。身体是诸多法律领域中立法的对象，这些法律领域包括对自身身体的占有以及对奴隶的占有的财产法（同上，页134，参页95）、对身体的养育和塑造（同上，页137）、膳食（同上，页98及以下[食人与素食]、123）、勇敢教育（勇敢与节制相对立，它是以身体和战争为导向的德性（同上，页36）、在练身场锻炼（与音乐相对，它是以身体为导向并着眼于城邦和战争之要求的教育）（同上，页37）、婚姻立法、性取向和怪癖的性行为（同上，页121）、生育、养育并教育儿童（同上，页63、100）、军事操练（同上，页95、100、109、121）、包括健康事业在内的生死问题（同上，页6、37、43、70、137）以及继承权（同上，页162）。另一个主题就是刑法：一方面是身体方面的犯罪，比如伤人和使人残废，另一方面是身体惩罚意义上的刑法。不容低估的还有宗教法，其探究扩展到天体，此外，与诸神一道纳入视野的还有据说无形和"不朽的"存在者，它们因此成为一种独特的问题（同上，页150）。另外，具有重要意义的还有所有身体性的生命冲动：感知、情绪、欢乐、痛苦、恐惧、激情（Leidenschaften）、吃、喝、繁衍或者性欲等基本需求（同上，页99、119及以下、121）。此外，外在的身体财富也很重要，如土地和住所的分配（同上，页73）、物质财富（同上，页79）以及将其遗留给自己后代的可能性。更为普遍的政治问题涉及共产主义的可能性、男女平等、父母与孩

子的关系以及个体与城邦的关系。

施特劳斯从身体现象明确指出了政治问题的一个重要维度（同上，页9、46及以下、74、85及以下、97）。政治的张力因素还包括公共性与私人性之间的分歧。一方面，私人领域的规定是习传的，即通过制度习传，如外在的物质财产或者妇女儿童的家庭归属性。[1] 此外，还有一些事物天然地属于私人，如身体及其各部分。[2] 私人性与财产，尤其与关于对自身身体占有的观念紧密相关。[3] 其中，重要的不仅仅是作为物质对象的身体，还有在政治上具有重要意义的自然生命冲动，即感知、情绪、个体性的欢乐与痛苦（同上，页74）。

这一明晰的论断只有考虑到如下情形才会具有其政治威力，即施特劳斯在其他语境下——可联想柏拉图《法义》的深刻特征即哲学的缺席——强调：并非身体，而是哲学生活，在本质上才是私人性的。在1939年发表的一篇论《斯巴达精神或色诺芬的品味》的文章中，施特劳斯谈到《回忆苏格拉底》时说，色诺芬

---

[1] 参施特劳斯，《论辩和情节》，页74（"习俗看作私人性的东西"与"天然就是私人性的东西"）、96（私人房屋问题）。

[2] 同上，页74。施特劳斯指向柏拉图，《王制》，464d、416d；参柏拉图，《法义》，739c。第一处在对《法义》（690d）的说法作出反应时，恰恰是要避免"分裂"，即任何人除了自己的身体之外别无属己之物。

[3] 在这个语境里，至关重要的是术语。另外一处的说法是，在所有占有物中，灵魂在最高程度上是人自己的（施特劳斯，《论辩和情节》，页66；柏拉图，《法义》，726a）。这并不意味着灵魂是死人的，属己之物的对立面是异在之物，与私有之物相对的是公众或公有之物（参施特劳斯，《论辩和情节》，页75）。此外，作为属己之物的灵魂绝不能与自我——"灵魂并非自我，亦即人本身"——搞混（参施特劳斯，《论辩和情节》，页75；参柏拉图，《斐多》，57a）。自我是由灵魂和身体组成的整全。[译按] 中译参页78。

的意图并非在该作品中展示苏格拉底想过什么以及他的私人看法如何。如果想要找出色诺芬和苏格拉底的私人看法，就必须在阅读《回忆苏格拉底》时运用自己私人的看法。① 在这个文本中，施特劳斯把哲学生活与政治生活摆在可想而知尖锐的对立面，之所以如此，恰恰因为哲学生活必然是私人性的，而政治生活则会提出无所不包的要求，而且城邦未能给私人生活留有余地，即便有，也不过在经济意义上是私人的。② 施特劳斯还提到一个导致二者对立的理由，即政治与哲学生活至少最终而言是不可统一的，因为一者的前提是对城邦诸神的信仰，而另一者的前提是对诸神的否认。③ 在《〈卡札尔人书〉中的理性之法》中，施特劳斯再次提醒，哲人的生活是绝对私人性的生活——此指他在讨论柏拉图《法义》的段落里称，《法义》包含了一种政治神学。④ 在1952年的《迫害与写作艺术》导言中，施特劳斯提醒人们，古希腊城邦至少存在过一种活动，它本质上是私人性的、超政治的、完全隐者式的，即哲学。⑤ 在1964年的《论柏拉图的〈王制〉》中，施特劳斯最终解释了哲学在公众性与私人性之间的复杂地位。⑥

如果说施特劳斯在《法义》评注中强调了身体是私人性的，

---

① 施特劳斯，1939，页518及以下："人们必须做一些私人思考。"

② 同上，页531："哲学生活，必然是私人性的，必然与政治生活形成对立。"

③ 同上，页532。

④ 施特劳斯，《迫害与写作艺术》，页117。

⑤ 同上，页21："然而，有一种活动本质上是私人的、超越政治的，这就是哲学。"参施特劳斯，《论辩和情节》，页18："私人必须紧紧抓住自身内关于拉扯我们的那些东西的真正推理。"

⑥ 施特劳斯，《城邦与人》，页113–115。

那么，他这么做，完全是因为他意识到这只是硬币的一面。通过将柏拉图《法义》中及施特劳斯笔下退入背景位置的哲学称为"超政治的"，并在此意义上为政治生活划定界限，可以清楚看到，身体是生命另一终点的界限，是"次－苏格拉底式的"界限。那么，施特劳斯是将柏拉图的《法义》解读为在进一步彻底地批判政治生活吗？

身体被视为某种私人性的事物，这个事实使身体成为政治问题。在《法义》卷五，雅典人只是十分简洁地谈到最佳统治。[1] 凡物公有（Kommunismus）是这种统治的决定性特点：财产在朋友中间必须真正是公有的。雅典人所理解的公有财产不仅包括妇女、儿童、金钱，除此之外的天然属己之物也必须成为公有的，这一点最引人兴味，因为，天然属己的是身体及其各部分，如眼睛、耳朵、双手。除了身体对象意义上的器官，公有化针对的是共同体生活基于身体的活动，如视、听、行，即感知、情绪、欢乐、痛苦、赞誉以及指责等，都因为其政治重要性，为了城邦的统一之故而应该尽可能广泛地公有化。

施特劳斯一再指出私人性与公众性的张力。私人生活倘若不受法律的管制，就会成为对于公众而言不容忽视的危险。[2] 因此，如果说《法义》的整个卷八都献给了身体——确而言之，是节庆、性事、战争及饮食——那也丝毫不奇怪（同上，页123）。施特劳斯在《论柏拉图的〈王制〉》中注意到，与柏拉图的《王制》关

---

[1] 柏拉图，《法义》，739b-e；施特劳斯，《论辩和情节》，页74及以下，参页107。

[2] 参施特劳斯，《论辩和情节》，页97、100、137（"私人性会撕裂城邦"）。这里可以看到现代女性主义的一种柏拉图式基本特征。

联起来看，完全的凡物公有将以对身体完全的抽离为前提，因为身体同样天然地是私人性的。[1]身体为凡物公有画上了一条绝对边界。[2]由此，最佳政制实际上也被勾销。柏拉图的《法义》在哲学缺席时，并没有抽离身体，相反，只有通过身体的共有，最佳政制才可以得到描述。由于统一对于城邦极度重要，最佳政制是根本上不容违背的"神圣路线"，它始终是标准与模板。[3]不过，对于现实而言，它并不是实际的选项。施特劳斯在评注中暗示了如下事实之间的关联：一方面，在整部卷五，思路的展开在很大程度上都舍弃了对话要素；另一方面，雅典人悄悄地略过了在其他地方讨论的哲人统治（同上，页75、81）。本质性的区分必须在远离哲学的环境里被遮蔽起来。

身体在其私人性上为政治画上了一条绝对边界，而根据视角不同，哲学生活可以从属于两者，或从属于私人领域，或从属于公共领域。如同灵魂虽然是最为属己之物，却并非私人的，同样，智性也并非私人的。施特劳斯认为，思想天然地是公共的——就如同真理那样——而非私人的。毫无疑问，原则上人人都能够领会真正的思想，但是，这个具有个体意识的思想，原则上与其他人思考同一个真理时的思想并不两样——在这个意义上，才可以说，思想虽然是私人性的，但只是以偶在的（akzidentell）方

---

[1] 施特劳斯，《城邦与人》，页114及以下，参页111（从政治角度出发来看，人与人之间的性爱同样必须公有化，但是，如此取消私人性，对于爱欲而言是一种打击）。

[2] 施特劳斯，《重生》，页164。

[3] 参K. Schöpsdau, Kommentar zum 5. Buch, 见 *Platon:Nomoi (Gesetze): Buch IV-VII. Übersetzung und Kommentar von Klaus Schöpsdau (Platon Werke: Übersetzung und Kommentar, Bde. IX 2)*，Göttingen 2003，页251–350。

式。①理性与知识的储备——这是政治生活所需要的——寓于哲学生活的私人性中。这个私人必须具备真正的逻格斯，是它牵动着人——线偶神话意义上的人（同上，页18、35、38）。

### 3.5　身体—政治学

施特劳斯利用大量例子来强调身体政治学这个问题。试举几例。首先，他在概念上选择使用明明白白的语言。引人注目的是，施特劳斯在《法义》评注中经常使用citizen body［政治体］这个表达。这种情形对于他的观察是一种补充，他看到，柏拉图的《王制》总体上建立在个体与城邦的相似之上，然而，苏格拉底很快以灵魂与城邦的相似替换了这一相似，并不声不响地放弃了身体——比如，性爱和繁衍所代表的需求世界。②就《王制》的的确确抽离了身体而言，这一点可以理解，不过这就导致了城邦与灵魂之间的相似具有误导性。③因此，施特劳斯将邦民称为"政治体"，清楚地指出反面的视角，这一视角为《法义》，也为施特劳斯的评注奠定了基础。

在哲学视角退入背景位置的地方，可以看到政治与人的身体性粘合了。邦民成了"政治体"，成了集体（Kollektivkörper）。不过，它由此而带出自身的权力潜能。多数人体格上的强力、诸多在场的身体，比少数可能具备智慧的人占有优势。④马远比它背上的人强有力。因此，有必要有预见性地讨论"政治体"。这个主题

---

① 参施特劳斯，《论辩和情节》，页75；《城邦与人》，页115。
② 施特劳斯，《重生》，页164及以下；参柏拉图，《王制》，434d–435c。
③ 施特劳斯，《城邦与人》，页109、111。
④ 参柏拉图，《王制》，327c。

在施特劳斯的评注里持续出现。在解读《法义》卷十二的夜间议事会时,施特劳斯重提雅典人的说法,即城邦是身体的躯干,年少的卫士可以在头部的高度俯瞰城邦。施特劳斯补充说,头部不属于真正的城邦。[①]要能够统治集体,集体必须得到净化(同上,页72及以下),必须分成阶层,并以正确的结构恰当划分到城邦和农村(同上,页73)。邦民个体似乎是政治的身体材料——法律的主要任务在于为城邦灌输些微理性(同上,页18)。这始终是一门自成一格的技艺。

人对自身身体需求的依赖,决定了立法的事宜,并划定了其界限。这一点表现在婚姻立法问题中,后者"根据自然"必须首先得到讨论(同上,页63,参页93及以下、136及以下)。人对不朽——而非"死后籍籍无名地置身墓穴"——的渴望被用作婚姻立法的动机,该立法认为,男子应该在30岁至35岁之间结婚(同上,页63;柏拉图,《法义》,721c)。立法为纯粹身体性地理解不朽奠定了基础:不朽即通过子嗣来延续生命。施特劳斯提请人们注意,历史上的柏拉图也许会在另外的事物里寻找不朽,柏拉图本人僭越了这里建议的婚姻法。也许,对于威胁他的危险,柏拉图会漠然视之(同上,页63及以下)。对于施特劳斯而言,这似乎证明柏拉图本人可能从哲学生活的视角出发,将法律视为无关紧要的东西。施特劳斯在继续解释婚姻立法时——在这里,身体公有化造成的政治问题显露了出来——让人们看到,法律不仅仅

---

[①] 参施特劳斯,《论辩和情节》,页82、177、181;柏拉图,《法义》,961d、964e。[译按] 此处原文为the head, […] does not belong to the city itself, to the true city;本文作者的间接引语译为der Kopf gehöre nicht zur wahren Stadt [头不属于真正的城邦]。此处从德语原文。

在某些方面无关紧要，而且最终是毫无效果的。雅典人提议了一条在所有婚姻中都必须行之有效的规则："任何人必须应承一门有利于城邦的，而不是自己最为钟意的婚姻。"（柏拉图，《法义》，773b）因此，必须禁止比如富家子女与富家子女的联姻，而应该以某种杂婚的准则为导向。雅典人解释说：

> 几乎无人能够认识到，这一点在生育的结合中也同样如此。因此，人们必须放弃通过法律来达到类似的事物，相反，必须尝试以富有魅力的言辞来进行说服。（页94；柏拉图，《法义》，773d，参780c）

法律在以自我为中心，受身体局限的激情那里行不通，无法将人们吸引到共同体里。身体的自然永远都是私人性的，并且拒绝服从于公共性，它标志着法律权力的界限。

死亡向人们提出了更多的问题。这里尤其涉及一个问题，即鉴于战争的必然性，死亡相比于生存是否可能是一种更大的善（同上，页116及以下）；此外还涉及刑法上对不义的暴死的处理（同上，页117、136），或者怕死带来的积极作用（同上，页117）。最后，人身体的衰老都指向了死亡。身体性生存在所有饱满的棱面上展示了政治现实的诸条件，同时也划出其边界：政治（Das Politische）是属人（das Menschliche）之事。[①]政治生活始于生，终于死（同上，页38、176）。因此，人们也必须为丧葬制定规范。在探究政治时，人们的构思要遵循这个条件。施特劳斯强

---

① 参施特劳斯，《论辩和情节》，页137（"作为属人技艺的政治技艺"）。将政治看作属人之事并不是亚里士多德的发明。

调，雅典人称死亡是整个政制（Politeia）的终结（Telos）（同上，页9、38及以下、176；参柏拉图，《法义》，632c）。尤其在生命终结时的遗嘱决定方面，法律应该对死亡有所规定，因为人们在这一情形下会变得不理性和愤怒（同上，页161及以下）。

对此，作为立法者的雅典人并不为所动：他的立法着眼于什么对于公众而言最佳，他会公正地使个体的意志服从于这种最佳。[1]他对此给出的理由是财产法的考量。真正法律的前奏拒绝了将死之人所要求的绝对所有权：财产，一如将死之人自己，都属于部族甚或城邦——尽管实质上所有生存者都是诸神的所有物（同上，页152、162）。这个规定与一个说明相悖，即个人拥有对自身的所有权，这种私人性是公有事物的边界。在这种情况下，个体的欲求服从于整体的福祉。施特劳斯认为，这个困难提醒我们联想在讨论天命时遇到的困难（同上，页58、163）。该困难与一个基本问题相关，即众人希冀的是他们可以自愿接受的法律。施特劳斯认为，这就如同要求健身教练或者医生应该以某种方式关心身体，仿佛他们会为身体带来欢乐一样，同样是理性的（同上，页43）。这一关联导致了无知的问题——无知是除愤怒之外谬误的来源（同上，页45、132）。一旦无知与错误的自我评价——自以为知道实际上不知道的事情——结合起来，并且在此情形中又加上权力，就会出现最糟糕的无知样式（同上，页132）。

在政治中，决定性的并非仅仅是好的立法。关键的是政治能力，是权力问题。法律在"自然"面前却无能为力（同上，页94）——尤其当"自然"首先是身体性的力量时。施特劳斯补充了前文提到的其他例子（同上，页5［关于法的批评］）。比如，也许

---

[1] 关于个人意志，参施特劳斯，《论辩和情节》，页132。

为妇女设立新的共餐制度会因为妇女过分强烈的反抗而失败，这种反对剧烈到连立法者也无法平息（同上，页98、122）。此外，法律禁止背谬的性行为也显得无意义，因为无法落实（同上，页112）。因此，立法是有界限的，并且，在诸多情形下，立法的规范被证明是办不到的（同上，页60、114）。立法技艺或者政治技艺总体上似乎无能为力（同上，页105）。单单法律本身无法进行统治。因此，关键在于是哪些人在统治（同上，页59）。

在分析柏拉图的过程中，施特劳斯并没有停留在描述身体性为政治所带来的种种问题。他也突出了身体性的政治后果。在这里尤其可以看到，由身体主导的政治领域基本上是冲突的场域，政治在其中有堕入斗争形式的危险。①其中一个例子就是《法义》中详细讨论的会饮问题，这恰恰是雅典人强行让多里斯立法者引入的东西。会饮被看作一座城邦发展状况的范例，因此是重要的政治教育工具（同上，页15）。会饮问题之所以如此棘手，是因为会饮中的醉酒者都是以糟糕的身体状态聚在一起。会饮需要统治者，这一点类似于军队。虽然会饮中所涉及的不是一场与敌人的战役，但是，它同样充满着内在的不安，就如同交战的军队。会饮需要一个镇定自若和清醒的灵魂，他支配着醉酒者，促进他们之间的友谊（同上）。倘若想要避免支配着同盟成员间的紧张不至于发展为斗争，就必须抑制这些紧张。施特劳斯一再提到如下例子：攸关身体的东西，比如健康、漂亮、体格力量以及作为附加性外在财富的明智，都是属人财富的一部分，而非属神的财富（同上，页7、8，参页69）。使政治以身体需求为导向，将会导向

---

① 色诺芬作品《斯巴达政制》所表现的是一个政制和——以身体为导向并着眼于战争的——立法的典范。

格劳孔在《王制》中所说的那种"猪城邦",并且是灾难性的,因为身体性的欲求是战争之根由(同上,页37)。战争之于城邦的意义,就如疾病之于身体,也就是说,政治中也需要练身和医学(同上,页6、37、43、70)。雅典人力求避免一场激烈的冲突,否则冲突会触及克里特和斯巴达的立法(同上,页5、6)。雅典人谨慎地表达着批评,步步为营,始终为友谊着想。张力因素不应该充满敌意地彼此对立,而应该凝聚并混合起来。从哲人的视角来看,这种混合应该是哲学与法律的混合体,极其罕见的智慧在其中并不是单纯的配料,而是决定性的因素和支撑性的力量,这种力量使得人们可以最大限度地、在政治上可持续地接近智慧(同上,页47)。

### 3.6 哲学政治学的和解之功

阐发这样一种混合,被证明是《法义》的贯穿性主题,是真正的立法者的任务,并且是哲学与法律关系成问题的本质。智性与身体之间的紧张有多么广泛的政治影响,可以从选举模式的配合——比如,通过举手抑或抽签——中对身体的重视看出来。施特劳斯称,事实上,这样一种配合进一步扼要地展现了根本的政治困境(同上,页85)。哲人用自己的手段为一种法律秩序而"奋斗",其中的法律并非由强者制定(同上,页47)。哲学政治学旨在使最高的领导诉求与其他冲突性的领导诉求和解。[1]最高的

---

[1] 参施特劳斯,《论辩和情节》,页5、30、47;柏拉图,《法义》,628b。这一和解工作是柏拉图纠正"苏格拉底道路"的典型方面,参施特劳斯,《什么是政治哲学》,页153;D. Tanguay, How Strauss Read Farabi's Summary of Plato's „Laws", 载 R. Major 编, *Leo Strauss's Defense of the Philosophic Life: Reading „What is Political Philosophy?"*, Chicago-London 2013, 页98-115。施特劳斯,《论辩和情节》,页47。

统治诉求只是诸多诉求中的一个，必须与其他与之相冲突的诉求和解——精神的统治必须变为强力的统治（同上，页47）。这里再次可以看出立法典型的弱点，它无法以明智和理性，而"只能"以正义和节制为鹄的（同上）。这里涉及一种妥协，即对（支配性的）非理性的一种人性的且可取的让步（同上，页86）。这是主宰性的理性——"领头理智"——的任务（同上，页130）。不过，城邦的"困难"也恰在于此。随后，施特劳斯引入一个表述，它反复以相同的语调出现在作品的不同位置：

> 在立法中，较高的服务于较低的，严格说来，这违背自然。[1]

施特劳斯继而从中做了引申。智性与身体之间成问题的关系，反映在君主制与民主制——这两种"政制之母"——的关系中，其中，强者的统治即为民主制，也是法律的统治（同上，页47，参页85及以下；柏拉图，《法义》，693d）。倘若张力可得消除，历史的篇章可以转向善的一页，那就会转向君主制，理想的情形下就是纯粹王者的社会，其中每个人都凭借自身的理性自我统治。因此，施特劳斯可以说，所有君主制中最为正义的那个，是一个其中没有民众（Demos）的制度。[2]

另外一种——纯粹理论性的——可能是，至高的智慧与至高

---

[1] 参施特劳斯，《论辩和情节》，页9、47；参 S. Y. Minkov, *Leo Strauss on Science: Thoughts on the Relation between Natural Science and Political Philosophy*（SUNY Series in the Thought and Legacy of Leo Strauss）. New York, 2016。

[2] 同上，页47，参页87（非民众[non-demos]是由受较好教养并且因此更为有德性的邦民组成的，参柏拉图，《法义》，759b6）。

附录 "马背上的人"：施特劳斯论柏拉图《法义》的论辩和情节

的权力融合在同一个人身上，即真正的立法者，他具有僭主式的权力（同上，页74；参柏拉图，《法义》，711e-712a）。法律无法自行统治。法律应由最大的权力及与之结盟的理性产生，永远都应该是这样，"因为，理智正当地统治着一切"（同上，页137；柏拉图，《法义》，711e-712a）。不过，根据施特劳斯的看法，柏拉图并没有陶醉于任何幻想。倘若德性的确是知识，那么，正义的刑法就可以化约为教育，与任何其他正义的事物一样，教育同样高贵。正是在刑法中，柏拉图暗示了必须满足的诸种条件，如果有那么一个真正"友好"且温和的刑法的话。然而，这些条件是无法满足的（同上，页133）。那怎么办呢？可以将民众驱逐，在未被败坏的儿童身上从头再来（同上，页56；关于其他选项，参页72、75及以下）。这看起来几乎不可行，而且几乎没有什么意义可言。最终，有用的仅仅是祈祷上帝，或者寄望于偶然不仅赋予城邦良好的领土和适当的人口，也赋予城邦真正的立法者，这位立法者会将自己的技艺用在不可能产生技艺的地方（同上，页56）。这样的立法者会期待一位年轻且有天赋的僭主，后者会推行新立的法，迅速轻易地带来转变，但或许也会遗留下来一些障碍。然而，必不可少的强力并不是强大的武器，而是言辞——如涅斯托尔所称赞的那样——的那种卓越的强力。施特劳斯总结说，雅典人愈发趋近于如下建议，即最大的权力和最高的智慧必须集于一人，只有这样，完美的立法者才会不再需要僭主。[①] 在一个平行位置的说法是，倘若真正的知识、科

---

[①] 参施特劳斯，《论辩和情节》，页57；柏拉图，《法义》，711e-712a。这样的搭档是否可以比作马上的骑手？这里可否看到未加防备的先知的榜样？参施特劳斯，《关于马基雅维里的思考》，页83及以下。

学，与此同时还有城邦中最高的强力，都集中在一个人身上，那么，让这样一位人物服在法律之下，而不是让他统治一切，将是个严重的过失（同上，页137；参柏拉图，《法义》，875b-d）。不过，这样的幸运可遇而不可求，因此必须专注于其他解决办法（同上，页137）。在施特劳斯看来，这一点对于身体政治来说具有关键意义，这表明，不应以身体性的手段甚或身体性的暴力来对付随身体性一道出现的问题。柏拉图的路径是和解的道路。

因此，身体出现在了《法义》中，也在施特劳斯的评注中处于特别显明的位置，因为哲学始终处于背景位置。哲学生活，这种真正正义的生活，对于与克勒尼阿斯和墨吉卢斯的对话而言，并非合适的主题（同上，页59）。不过，就立法而言，理性——真正的逻格斯——始终是对话思路隐而不发的一极，对话思路另一个可见的一极则是身体。对于施特劳斯——就他是柏拉图的评注者而言，通过立法来管理政治生活的正当性在于，身体强力和道德弱点事实上同时出现在民众即"政治体"身上。立法本身就是这一关系之问题的表现。在天生具有身体性和有朽本性的人造成的败坏离开公众领域而进入私人领域的地方，法律是有必要的（同上，页137）。故而，政治现实让人们目睹了，将法律与思想等同起来是彻底成问题的（同上，页18、87）。理性与法律处于一种复杂的关系之中（同上，页19、33），它会发展为冲突，雅典人的哲学政治学试图消除这一冲突（同上，页27）。施特劳斯认识到一些类比关系，像法律与真正的逻格斯、德性的形象（ein Bild der Tugend）与德性本身（Tugend selbst）的关系亦如此，或者老人与智慧、最为高贵的缪斯与哲学——这些所关涉的始终是既存差异中的亲缘关系（同上，页20、24、34、35、132）。[1]老人是智慧的一个形象，就如同法律是正确理性的形象，但老人并不是智慧。不过，将Nomos与Nous等同起来，终究是成问题的（同上，页18、87）。与此相反，施特劳斯在卷九评注中强调，雅典人从未如此清晰地表达过Nomos天然地不及Nous（同上，页137）。此外，"非民众"，即那些受到更好教养因而更有德性的邦民，必须被整合起来（同上，页87）。相反，无知本身无法统治（同上，页132）。施特劳斯这时提到"推理能力"（同上）。

施特劳斯留下来的是一部关于柏拉图《法义》的少有的精微之作，其中凝结了他对政治哲学及其遗留问题进行思考、教学、写作的一生。我们只是追踪了他对柏拉图对话的缜密评注中的一条红线。这条红线凸显出，古典哲学何其清晰地看到了属人身体持续的政治意义，但又未受其制约。施特劳斯阐明了柏拉图的《法义》何其坚决地倚助语言和理性的力量，并且在和解而非斗争的范畴中进行思考。评注性反思的朴实语言，呈现出一部影像作品，其中，根本性的政治问题从历史局限的灰暗色调中走出，并迈向始终作为当下的生活圈子。身体是一把允许人们打开影像之门的钥匙。《柏拉图〈法义〉的论辩和情节》是1935年的《哲学与律法》的基础，而这个基础在三十五年之后施特劳斯过世后方才递交。[2]

---

[1] 相反的是页59（根据对话语境，差异也会被忽略）。施特劳斯，《论辩和情节》，页47，此处另外指出了教育的三个或者四个定义，其中暗示了法律与理性的差异。关于这些定义，参施特劳斯，《论辩和情节》，页22、26。

[2]〔译按〕《柏拉图〈法义〉的论辩和情节》（初版1975年）完成于1971年秋，即施特劳斯去世前两年，故而，本文作者称该书为die nach 35 Jahren posthum übergebene Grundlage〔三十五年之后、在过世后方才递交的基础〕。

# 施特劳斯年表

1899年（光绪二十五年）9月20日，生于黑森州基尔希海姆

1917至1921年，先后在马堡、法兰克福、柏林、汉堡等地研习哲学、数学以及自然科学

1921年在汉堡大学卡西尔门下读博

1921至1925年在弗莱堡追随胡塞尔、海德格尔

1925至1932年任职于柏林犹太人科学研究院；任《门德尔松纪念版全集》主编之一

1932年获洛克菲勒奖学金访学巴黎

1934年获洛克菲勒奖学金访学剑桥

1938年辗转前往美国；任职纽约社会研究新学院讲师

1941年任新学院副教授

1941至1948年任《社会研究》和《犹太百科大全》主编之一

1944年获美国国籍，成为新学院教授

1949年任芝加哥大学政治哲学教授

1953年任伯克利加州大学客座教授

1954至1955年任以色列希伯来大学客座教授

1959年获芝加哥大学"哈钦斯杰出贡献教授"头衔

1965年获颁汉堡大学名誉博士学位；在芝加哥获联邦德国大使馆授予的大十字勋章；受聘汉堡大学客座教授

1968年退休

1968年至1969年任加州克莱蒙特人类研究学院客座教授

1969年至1973年为马里兰州安纳波利斯圣约翰学院布坎南杰出驻校学者

1973年10月18日，逝世于安纳波利斯，享年74岁

# 参考文献

## 一　缩写与简称

笔者使用国际通用缩写（一般指的是英文原文书名），以供读者随时可勘英文文献。在有德文翻译的情形下，原文与德文翻译一并给出。

| | |
|---|---|
| AAPL | The Argument and the Action of Plato's Laws |
| BP | Anmerkungen zu Carl Schmitt, Der Begriff des Politischen |
| CM | The City and Man |
| CP | The Crisis of Political Philosophy |
| CT | The Crisis of Our Time |
| GS I | Gesammelte Schriften, Bd. 1 |
| GS II | Gesammelte Schriften, Bd. 2 |
| HPP | History of Political Philosophy |
| IR | On the Intention of Rousseau |
| LAM | Liberalism Ancient and Modern |
| MM | Einleitungen zu Moses Mendelssohn 1974 |
| NRG | Naturrecht und Geschichte |
| NRH | Natural Right and History |
| OT | On Tyranny (dt.: Über Tyrannis) |
| PAW | Persecution and the Art of Writing |
| PhG | Philosophie und Gesetz |
| PPH | The Political Philosophy of Hobbes (dt.: Hobbes' politische Wissenschaft) |
| RCPR | The Rebirth of Classical Political Rationalism |
| SA | Socrates and Aristophanes |
| SPPP | Studies in Platonic Political Philosophy |
| TM | Thoughts on Machiavelli |
| TWM | The Three Waves of Modernity |

| | |
|---|---|
| WIPP | What ist Political Philosophy? |
| XS | Xenophon's Socrates |
| XSD | Xenophon's Socratic Discourse |
| Corr. Voegelin | Briefwechsel mit Eric Voegelin |
| Corr. Löwith | Briefwechsel mit Karl Löwith |
| Existentialism | Existentialism |
| Farabi's Plato | Fârâbi's Plato |
| Fortschritte der Metaphysik | Besprechung von: Julius Ebbinghaus, Über die Fortschritte der Metaphysik |
| Interpretation of Genesis | On the Interpretation of »Genesis« |
| New Interpretation | On a New Interpretation of Plato's Political Philosophy |
| Spirit of Sparta | The Spirit of Sparta or the Taste of Xenophon |
| The Problem of Socrates | The Origins of Political Science and The Problem of Socrates |
| Why Jews | Why We Remain Jews: Can Jewish Faith and History Still Speak to Us? |

## 二 施特劳斯作品选

### 1 德文原版及译文

Besprechung von: Julius Ebbinghaus, Über die Fortschritte der Metaphysik, in: Deutsche Literaturzeitung, 1931, Heft 52, 27.12.1931, Sp. 2451-2453.

Anmerkungen zu Carl Schmitt, Der Begriff des Politischen, wiederabgedruckt in: H. Meier, Carl Schmitt, Leo Strauss und »Der Begriff des Politischen«. Zu einem Dialog unter Abwesenden, Stuttgart 1988, S.99-125.

Philosophie und Gesetz. Beiträge zum Verständnis Maimunis und seiner Vorläufer, Berlin 1935. Wiederabdruck in GS II unter Angabe der Paginierung der Originalausgabe.

Über Tyrannis. Eine Interpretation von Xenophons »Hieron« mit einem Essay über Tyrannis und Weisheit von Alexandre Kojève, übers. von Ernst Cahn/Marianne Regensburger/Kurt Weigand, Neuwied 1963.

Hobbes' Politische Wissenschaft, Neuwied 1965.

Naturrecht und Geschichte, übers. von Horst Boog, Frankfurt 1977.

Einleitung zu »Morgenstunden« und »An die Freunde Lessings«. Einleitung zu »Sache Gottes oder die gerettete Vorsehung«, in: Moses Mendelssohn, Gesammelte Schriften, Jubiläumsausgabe, Bd. 3,2, Stuttgart-Bad Cannstatt 1974, S. XI-XCV, XCVI-CX.

Gesammelte Schriften, Bd. 1: Die Religionskritik Spinozas und zugehörige Schriften, hrsg. von Heinrich Meier, Stuttgart/Weimar 1996.

Gesammelte Schriften, Bd. 2: Philosophie und Gesetz – Frühe Schriften, hrsg. von Heinrich Meier, Stuttgart/Weimar 1997.

## 2 英文原版

The Spirit of Sparta or the Taste of Xenophon, in: Social Research, 6, 1939, S. 502-536.

Fârâbi's Plato, in: Louis Ginzberg Jubilee Volume, New York 1945, S. 357-393.

On a New Interpretation of Plato's Political Philosophy, in: Social Research, 13, 1946, S. 326-367.

On the Intention of Rousseau, in: Social Research, 14, 1947, S. 455-487.

Persecution and the Art of Writing, Glencoe, Illinois, 1952.

Natural Right and History, Chicago 1953.

Thoughts on Machiavelli, Glencoe, Illinois, 1958, Nachdruck: Seattle/London 1969.

What is Political Philosophy? and Other Essays, Chicago/London 1959.

How to Begin to Study »The Guide of the Perplexed«, in: Moses Maimonides, The Guide of the Perplexed, übers. von Shlomo Pines, mit einem einleitenden Essay von Leo Strauss, Chicago 1963, S. xi-lvi.

The City and Man, Chicago 1964.

The Crisis of Our Time und The Crisis of Political Philosophy, in: Harold J. Spaeth (Hg.), The Predicament of Modern Politics, Detroit 1964, S. 41-54 und 91-103.

Socrates and Aristophanes, New York/London 1966.

Liberalism Ancient and Modern, New York 1968, Nachdruck: Ithaca/London 1989 und Chicago 1995.

Xenophon's Socratic Discourse. An Interpretation of the »Oeconomicus«, Ithaca/London 1970.

Xenophon's Socrates, Ithaca/London 1972.

The Three Waves of Modernity, in: An Introduction to Political Philosophy. Ten Essays by Leo Strauss, Detroit 1989, S. 81-98.

The Argument and the Action of Plato's Laws, Chicago/London 1975.

On the Interpretation of »Genesis«, in: L'Homme. Révue francaise d'anthropologie, 21, 1981, S. 5-20.
Studies in Platonic Political Philosophy, Chicago/London 1983.
History of Political Philosophy, hrsg. von Leo Strauss/Joseph Cropsey, 3., erweiterte Aufl., Chicago/London 1987.
The Rebirth of Classical Political Rationalism. An Introduction to the Thought of Leo Strauss. Essays and Lectures by Leo Strauss, hrsg. von Thomas L. Pangle, Chicago/London 1989.
An Introduction to Political Philosophy. Ten Essays by Leo Strauss, hrsg. von Hilail Gildin, Detroit 1989.
Why We Remain Jews. Can Jewish Faith and History Still Speak to Us? in: Kenneth L. Deutsch/Walter Nicgorski (Hg.), Leo Strauss. Political Philosopher and Jewish Thinker, Lanham, Maryland, 1994, S. 43-79.
Existentialism, in: Interpretation, 22, 1995, S. 301-320.
The Origins of Political Science and The Problem of Socrates. Six Public Lectures, in: Interpretation, 23, 1996, S. 127-208.

3 书信往来

Letter to Helmut Kuhn, in: Unabhängige Zeitschrift für Philosophie, 2, 1978, S. 23-26.
Correspondence Concerning »Wahrheit und Methode«. Leo Strauss und Hans-Georg Gadamer, in: Unabhängige Zeitschrift für Philosophie, 2, 1978, S. 5-12.
Correspondence Concerning Modernity. Karl Löwith and Leo Strauss, in: Independent Journal of Philosophy, 4, 1983, S. 105-119 (Briefwechsel mit K. Löwith aus dem Jahre 1946, zweisprachig).
Correspondence: Karl Löwith and Leo Strauss, in: Independent Journal of Philosophy, 5/6, 1988, S. 177-192 (Briefwechsel mit Karl Löwith aus dem Jahre 1935, zweisprachig).
Drei Briefe an Carl Schmitt, in: H. Meier, Carl Schmitt, Leo Strauss und »Der Begriff des Politischen«. Zu einem Dialog unter Abwesenden, Stuttgart 1988, S. 129-135.
Faith and Political Philosophy. The Correspondence Between Leo Strauss and Eric Voegelin, 1934-1964, übers. und hrsg. von Peter Emberley/Barry Cooper, Pennsylvania 1993.
The Strauss-Kojève Correspondence, in: Leo Strauss, On Tyranny, hrsg. von V. Gourevitch/M.S. Roth, New York 1991, S. 213-325.

## 三 二手文献选辑

Behnegar, Nasser, Leo Strauss' Confrontation with Max Weber. A Search for a Genuine Social Science, in: The Review of Politics, 59, 1997 (Winter), S. 97-125.

Benardete, Seth, Leo Strauss' »The City and Man«, in: Political Science Reviewer, 8, 1978 (Herbst), S. 1-20.

Bloom, Allan, Leo Strauss. September 20, 1899 - October 18, 1973, in: Political Theory, 2, 1974 (November), S. 372-392.

Bolotin, David, Leo Strauss and Classical Political Philosophy, in: Interpretation, 22, 1994 (Herbst), S. 129-142.

Bruell, Christopher, Strauss on Xenophon's Socrates, in: Political Science Reviewer, 14, 1984, S. 263-318.

Cropsey, Joseph, Strauss, Leo, in: International Encyclopedia of the Social Sciences, Biographical Supplement, Bd. 18, New York 1979, S. 746-750.

Deutsch, Kenneth L./Soffer, Walter (Hg.), The Crisis of Liberal Democracy. A Straussian Perspective, Albany 1987.

Deutsch, Kenneth L./Walter Nicgorski (Hg.), Leo Strauss. Political Philosopher and Jewish Thinker, Lanham, Maryland, 1994.

Drury, Shadia B., The Political Ideas of Leo Strauss, Houndmills/Basingstoke/London 1988.

Germino, Dante, Second Thoughts on Leo Strauss' Machiavelli, in: Journal of Politics, 28, 1966, S. 794-817.

Gildin, Hilail, The First Crisis of Modernity. Leo Strauss on the Thought of Rousseau, in: Interpretation, 20, 1992/93, S. 157-164.

Gourevitch, Victor, Philosophy and Politics I-II, in: Review of Metaphysics, 22, 1968/69, S. 58-84 und 281-328.

Gunnell, John G., Political Theory and Politics. The Case of Leo Strauss, in: Political Theory, 13, 1985, S. 339-364.

Jaffa, Harry V., The Legacy of Leo Strauss, in: The Claremont Review, 3, 1984, S. 14-21.

Kennington, Richard, Strauss' »Natural Right and History«, in: The Review of Metaphysics, 35, 1981, S. 57-86.

Kielmansegg, Peter Graf/Horst Mewes/Elisabeth Glaser-Schmidt (Hg.), Hannah Arendt and Leo Strauss. German Émigrés and American Political Thought after World War II, Cambridge 1995.

Klein, Jacob, Memorial to Leo Strauss, in: St. John's Review (früher »The College«), 25, 1974.

Meier, Heinrich, Carl Schmitt, Leo Strauss und »Der Begriff des Politischen«. Zu einem Dialog unter Abwesenden, mit Leo Strauss' Aufsatz über den »Begriff des Politischen«, Stuttgart 1988.
Ders., Die Denkbewegung von Leo Strauss. Die Geschichte der Philosophie und die Intention des Philosophen, Stuttgart/Weimar 1996.
Ders., Strauss, Leo, in: Metzler-Philosophen-Lexikon, hrsg. von Bernd Lutz, 2. erw. Aufl., Stuttgart/Weimar 1995, S. 860-865.
Nicgorski, Walter, Leo Strauss and Liberal Education, in: Interpretation, 13, 1985, S. 233-250.
Pangle, Thomas L., Introduction, in: Leo Strauss, Studies in Platonic Political Philosophy, Chicago 1983, S. 1-26.
Ders., The Platonism of Leo Strauss, in: The Claremont Review, 4, 1985.
Pippin, Robert B., The Modern World of Leo Strauss, in: Political Theory, 20, 1992, S. 448-472.
Rosen, Stanley, Hermeneutics as Politics, Oxford 1987.
Roth, Michael S., A Problem of Recognition. Alexandre Kojève and the End of History, in: History and Theory, 24, 1985, S. 293-306.
Tarcov, Nathan/Pangle, Thomas L., Epilogue – Leo Strauss and the History of Political Philosophy, in: Leo Strauss/Joseph Cropsey (Hg.), History of Political Philosophy, 3., erw. Aufl., Chicago/London 1987, S. 907-938.
The Independent Journal of Philosophy/Unabhängige Zeitschrift für Philosophie, 2, 1978: Leo Strauss. Essays on the Issues and Themes of his Life-Work.
Udoff, Alan (Hg.), Leo Strauss' Thought. Toward a Critical Engagement, Boulder 1991.

## 图书在版编目（CIP）数据

施特劳斯学述／（德）考夫曼著；温玉伟译. －－北京：华夏出版社有限公司，2022.10
（西方传统：经典与解释）
ISBN 978 - 7 - 5222 - 0354 - 6

Ⅰ.①施… Ⅱ.①考… ②温… Ⅲ.①施特劳斯（Strauss, Leo 1899 - 1973）- 哲学思想 - 研究 Ⅳ.①B712.59

中国版本图书馆 CIP 数据核字（2022）第 111705 号

Leo Strauss zur Einführung
Copyright © 1997 by Christine Kauffmann
Published by arrangement with Christine Kauffmann
Simplified Chinese Translation Copyright © 2022 by HuaXia
Publishing House Company Co., Ltd.
All rights reserved

**版权所有　翻印必究**
北京市版权局著作权合同登记号：图字 01 - 2022 - 0739 号

### 施特劳斯学述

| | |
|---|---|
| 作　者 | ［德］考夫曼 |
| 译　者 | 温玉伟 |
| 责任编辑 | 李安琴 |
| 责任印制 | 刘　洋 |
| 出版发行 | 华夏出版社有限公司 |
| 经　销 | 新华书店 |
| 印　装 | 北京汇林印务有限公司 |
| 版　次 | 2022 年 10 月北京第 1 版<br>2022 年 10 月北京第 1 次印刷 |
| 开　本 | 880 ×1230　1/32 |
| 印　张 | 7.5 |
| 字　数 | 166 千字 |
| 定　价 | 68.00 元 |

**华夏出版社有限公司**　地址：北京市东直门外香河园北里 4 号　邮编：100028
网址：www.hxph.com.cn　电话：(010) 64663331（转）
若发现本版图书有印装质量问题，请与我社营销中心联系调换。

西方传统：经典与解释
Classici et Commentarii
HERMES
刘小枫◎主编

## 古今丛编

欧洲中世纪诗学选译　宋旭红 编译
克尔凯郭尔　[美]江思图 著
货币哲学　[德]西美尔 著
孟德斯鸠的自由主义哲学　[美]潘戈 著
莫尔及其乌托邦　[德]考茨基 著
试论古今革命　[法]夏多布里昂 著
但丁：皈依的诗学　[美]弗里切罗 著
在西方的目光下　[英]康拉德 著
大学与博雅教育　董成龙 编
探究哲学与信仰　[美]郝岚 著
民主的本性　[法]马南 著
梅尔维尔的政治哲学　李小均 编/译
席勒美学的哲学背景　[美]维塞尔 著
果戈里与鬼　[俄]梅列日科夫斯基 著
自传性反思　[美]沃格林 著
黑格尔与普世秩序　[美]希克斯 等著
新的方式与制度　[美]曼斯菲尔德 著
科耶夫的新拉丁帝国　[法]科耶夫 等著
《利维坦》附录　[英]霍布斯 著
或此或彼（上、下）　[丹麦]基尔克果 著
海德格尔式的现代神学　刘小枫 选编
双重束缚　[法]基拉尔 著
古今之争中的核心问题　[德]迈尔 著
论永恒的智慧　[德]苏索 著
宗教经验种种　[美]詹姆斯 著
尼采反卢梭　[美]凯斯·安塞尔-皮尔逊 著
舍勒思想评述　[美]弗林斯 著
诗与哲学之争　[美]罗森 著

神圣与世俗　[罗]伊利亚德 著
但丁的圣约书　[美]霍金斯 著

## 古典学丛编

赫西俄德的宇宙　[美]珍妮·施特劳斯·克莱 著
论王政　[古罗马]金嘴狄翁 著
论希罗多德　[古罗马]卢里叶 著
探究希腊人的灵魂　[美]戴维斯 著
尤利安文选　马勇 编/译
论月面　[古罗马]普鲁塔克 著
雅典谐剧与逻各斯　[美]奥里根 著
菜园哲人伊壁鸠鲁　罗晓颖 选编
《劳作与时日》笺释　吴雅凌 撰
希腊古风时期的真理大师　[法]德蒂安 著
古罗马的教育　[英]葛怀恩 著
古典学与现代性　刘小枫 编
表演文化与雅典民主政制
[英]戈尔德希尔、奥斯本 编
西方古典文献学发凡　刘小枫 编
古典语文学常谈　[德]克拉夫特 著
古希腊文学常谈　[英]多佛 等著
撒路斯特与政治史学　刘小枫 编
希罗多德的王霸之辨　吴小锋 编/译
第二代智术师　[英]安德森 著
英雄诗系笺释　[古希腊]荷马 著
统治的热望　[美]福特 著
论埃及神学与哲学　[古希腊]普鲁塔克 著
凯撒的剑与笔　李世祥 编/译
伊壁鸠鲁主义的政治哲学
[意]詹姆斯·尼古拉斯 著
修昔底德笔下的人性　[美]欧文 著
修昔底德笔下的演说　[美]斯塔特 著
古希腊政治理论　[美]格雷纳 著
神谱笺释　吴雅凌 撰
赫西俄德：神话之艺　[法]居代·德拉孔波 编

赫拉克勒斯之盾笺释　罗逍然 译笺
《埃涅阿斯纪》章义　王承教 选编
维吉尔的帝国　[美]阿德勒 著
塔西佗的政治史学　曾维术 编

## 古希腊诗歌丛编
古希腊早期诉歌诗人　[英]鲍勒 著
诗歌与城邦　[美]费拉格、纳吉 主编
阿尔戈英雄纪（上、下）
[古希腊]阿波罗尼俄斯 著
俄耳甫斯教祷歌　吴雅凌 编译
俄耳甫斯教辑语　吴雅凌 编译

## 古希腊肃剧注疏
欧里庇得斯的现代性　[法]德·罗米伊 著
自由与僭越　罗峰 编译
希腊肃剧与政治哲学　[美]阿伦斯多夫 著

## 古希腊礼法研究
宙斯的正义　[英]劳埃德-琼斯 著
希腊人的正义观　[英]哈夫洛克 著

## 廊下派集
剑桥廊下派指南　[加]英伍德 编
廊下派的苏格拉底　程志敏 徐健 选编
廊下派的神和宇宙　[墨]里卡多·萨勒斯 编
廊下派的城邦观　[英]斯科菲尔德 著

## 希伯莱圣经历代注疏
希腊化世界中的犹太人　[英]威廉逊 著
第一亚当和第二亚当　[德]朋霍费尔 著

## 新约历代经解
属灵的寓意　[古罗马]俄里根 著

## 基督教与古典传统
保罗与马克安　[德]文森 著
加尔文与现代政治的基础　[美]汉考克 著
无执之道　[德]文森 著
恐惧与战栗　[丹麦]基尔克果 著

托尔斯泰与陀思妥耶夫斯基
[俄]梅列日科夫斯基 著
论宗教大法官的传说　[俄]罗赞诺夫 著
海德格尔与有限性思想（重订版）
刘小枫 选编
上帝国的信息　[德]拉加茨 著
基督教理论与现代　[德]特洛尔奇 著
亚历山大的克雷芒　[意]塞尔瓦托·利拉 著
中世纪的心灵之旅　[意]圣·波纳文图拉 著

## 德意志古典传统丛编
黑格尔论自我意识　[美]皮平 著
克劳塞维茨论现代战争　[澳]休·史密斯 著
《浮士德》发微　谷裕 选编
尼伯龙人　[德]黑贝尔 著
论荷尔德林　[德]沃尔夫冈·宾德尔 著
彭忒西勒亚　[德]克莱斯特 著
穆佐书简　[奥]里尔克 著
纪念苏格拉底——哈曼文选　刘新利 选编
夜颂中的革命和宗教　[德]诺瓦利斯 著
大革命与诗化小说　[德]诺瓦利斯 著
黑格尔的观念论　[美]皮平 著
浪漫派风格——施勒格尔批评文集　[德]施勒格尔 著

## 巴洛克戏剧丛编
克里奥帕特拉　[德]罗恩施坦 著
君士坦丁大帝　[德]阿旺西尼 著
被弑的国王　[德]格吕菲乌斯 著

## 美国宪政与古典传统
美国1787年宪法讲疏　[美]阿纳斯塔普罗 著

## 启蒙研究丛编
论古今学问　[英]坦普尔 著
历史主义与民族精神　冯庆 编
浪漫的律令　[美]拜泽尔 著
现实与理性　[法]科维纲 著
论古人的智慧　[英]培根 著

托兰德与激进启蒙　刘小枫 编
图书馆里的古今之战　[英]斯威夫特 著

## 政治史学丛编
驳马基雅维利　[普鲁士]弗里德里希二世 著
现代欧洲的基础　[英]赖希 著
克服历史主义　[德]特洛尔奇 等著
胡克与英国保守主义　姚啸宇 编
古希腊传记的嬗变　[意]莫米利亚诺 著
伊丽莎白时代的世界图景　[英]蒂利亚德 著
西方古代的天下观　刘小枫 编
从普遍历史到历史主义　刘小枫 编
自然科学史与玫瑰　[法]雷比瑟 著

## 地缘政治学丛编
地缘政治学的起源与拉采尔　[希腊]斯托杨诺斯 著
施米特的国际政治思想　[英]欧迪瑟乌斯/佩蒂托 编
克劳塞维茨之谜　[英]赫伯格-罗特 著
太平洋地缘政治学　[德]卡尔·豪斯霍弗 著

## 荷马注疏集
不为人知的奥德修斯　[美]诺特维克 著
模仿荷马　[美]丹尼斯·麦克唐纳 著

## 品达注疏集
幽暗的诱惑　[美]汉密尔顿 著

## 阿里斯托芬集
《阿卡奈人》笺释　[古希腊]阿里斯托芬 著

## 色诺芬注疏集
居鲁士的教育　[古希腊]色诺芬 著
色诺芬的《会饮》　[古希腊]色诺芬 著

## 柏拉图注疏集
挑战戈尔戈　李致远 选编
论柏拉图《高尔吉亚》的统一性　[美]斯托弗 著
立法与德性——柏拉图《法义》发微　林志猛 编
柏拉图的灵魂学　[加]罗宾逊 著
柏拉图书简　彭磊 译注

克力同章句　程志敏 郑兴凤 撰
哲学的奥德赛——《王制》引论　[美]郝兰 著
爱欲与启蒙的迷醉　[美]贝尔格 著
为哲学的写作技艺一辩　[美]伯格 著
柏拉图式的迷宫——《斐多》义疏　[美]伯格 著
苏格拉底与希琵阿斯　王江涛 编译
理想国　[古希腊]柏拉图 著
谁来教育老师　刘小枫 编
立法者的神学　林志猛 编
柏拉图对话中的神　[法]薇依 著
厄庇诺米斯　[古希腊]柏拉图 著
智慧与幸福　程志敏 选编
论柏拉图对话　[德]施莱尔马赫 著
柏拉图《美诺》疏证　[美]克莱因 著
政治哲学的悖论　[美]郝岚 著
神话诗人柏拉图　张文涛 选编
阿尔喀比亚德　[古希腊]柏拉图 著
叙拉古的雅典异乡人　彭磊 选编
阿威罗伊论《王制》　[阿拉伯]阿威罗伊 著
《王制》要义　刘小枫 选编
柏拉图的《会饮》　[古希腊]柏拉图 等著
苏格拉底的申辩（修订版）　[古希腊]柏拉图 著
苏格拉底与政治共同体　[美]尼柯尔斯 著
政制与美德——柏拉图《法义》疏解　[美]潘戈 著
《法义》导读　[法]卡斯代尔·布舒奇 著
论真理的本质　[德]海德格尔 著
哲人的无知　[德]费勃 著
米诺斯　[古希腊]柏拉图 著
情敌　[古希腊]柏拉图 著

## 亚里士多德注疏集
《诗术》译笺与通绎　陈明珠 撰
亚里士多德《政治学》中的教诲　[美]潘戈 著
品格的技艺　[美]加佛 著
亚里士多德哲学的基本概念　[德]海德格尔 著

《政治学》疏证 [意]托马斯·阿奎那 著
尼各马可伦理学义疏 [美]伯格 著
哲学之诗 [美]戴维斯 著
对亚里士多德的现象学解释 [德]海德格尔 著
城邦与自然——亚里士多德与现代性 刘小枫 编
论诗术中篇义疏 [阿拉伯]阿威罗伊 著
哲学的政治 [美]戴维斯 著

## 普鲁塔克集
普鲁塔克的《对比列传》 [英]达夫 著
普鲁塔克的实践伦理学 [比利时]胡芙 著

## 阿尔法拉比集
政治制度与政治箴言 阿尔法拉比 著

## 马基雅维利集
解读马基雅维利 [美]麦考米克 著
君主及其战争技艺 娄林 选编

## 莎士比亚绎读
莎士比亚的罗马 [美]坎托 著
莎士比亚的政治智慧 [美]伯恩斯 著
脱节的时代 [匈]阿格尼斯·赫勒 著
莎士比亚的历史剧 [英]蒂利亚德 著
莎士比亚戏剧与政治哲学 彭磊 选编
莎士比亚的政治盛典 [美]阿鲁里斯/苏利文 编
丹麦王子与马基雅维利 罗峰 选编

## 洛克集
上帝、洛克与平等 [美]沃尔德伦 著

## 卢梭集
致博蒙书 [法]卢梭 著
政治制度论 [法]卢梭 著
哲学的自传 [美]戴维斯 著
文学与道德杂篇 [法]卢梭 著
设计论证 [美]吉尔丁 著
卢梭的自然状态 [美]普拉特纳 等著
卢梭的榜样人生 [美]凯利 著

## 莱辛注疏集
汉堡剧评 [德]莱辛 著
关于悲剧的通信 [德]莱辛 著
智者纳坦（研究版） [德]莱辛 等著
启蒙运动的内在问题 [美]维塞尔 著
莱辛剧作七种 [德]莱辛 著
历史与启示——莱辛神学文选 [德]莱辛 著
论人类的教育 [德]莱辛 著

## 尼采注疏集
尼采引论 [德]施特格迈尔 著
尼采与基督教 刘小枫 编
尼采眼中的苏格拉底 [美]丹豪瑟 著
动物与超人之间的绳索 [德]A.彼珀 著

## 施特劳斯集
苏格拉底与阿里斯托芬
论僭政（重订本） [美]施特劳斯 [法]科耶夫 著
苏格拉底问题与现代性（第三版）
犹太哲人与启蒙（增订本）
霍布斯的宗教批判
斯宾诺莎的宗教批判
门德尔松与莱辛
哲学与律法——论迈蒙尼德及其先驱
迫害与写作艺术
柏拉图式政治哲学研究
论柏拉图的《会饮》
柏拉图《法义》的论辩与情节
什么是政治哲学
古典政治理性主义的重生（重订本）
回归古典政治哲学——施特劳斯通信集
\*\*\*
论源初遗忘 [美]维克利 著
阅读施特劳斯 [美]斯密什 著
施特劳斯与流亡政治学 [美]谢帕德 著
驯服欲望 [法]科耶夫 等著

## 施特劳斯讲学录
斯宾诺莎的政治哲学

## 施米特集
宪法专政 [美]罗斯托 著
施米特对自由主义的批判 [美]约翰·麦考米克 著

## 伯纳德特集
古典诗学之路（第二版） [美]伯格 编
弓与琴（重订本） [美]伯纳德特 著
神圣的罪业 [美]伯纳德特 著

## 布鲁姆集
巨人与侏儒（1960-1990）
人应该如何生活——柏拉图《王制》释义
爱的设计——卢梭与浪漫派
爱的戏剧——莎士比亚与自然
爱的阶梯——柏拉图的《会饮》
伊索克拉底的政治哲学

## 沃格林集
自传体反思录

## 朗佩特集
哲学与哲学之诗
尼采与现时代
尼采的使命
哲学如何成为苏格拉底式的
施特劳斯的持久重要性

## 迈尔集
施米特的教训
何为尼采的扎拉图斯特拉
政治哲学与启示宗教的挑战
隐匿的对话
论哲学生活的幸福

## 大学素质教育读本
古典诗文绎读 西学卷·古代编（上、下）
古典诗文绎读 西学卷·现代编（上、下）